KB190020

녹
차
부
활

최성민의 한국차론(韓國茶論) 3

녹차 부활

초판 1쇄 인쇄일 2025년 2월 14일
초판 1쇄 발행일 2025년 2월 28일

지은이 최성민
펴낸이 양옥매
디자인 송다희 표지혜
교　정 조준경
마케팅 송용호

펴낸곳 도서출판 책과나무
출판등록 제2012-000376
주소 서울특별시 마포구 방울내로 79 이노빌딩 302호
대표전화 02.372.1537　**팩스** 02.372.1538
이메일 booknamu2007@naver.com
홈페이지 www.booknamu.com
ISBN 979-11-6752-587-1 (03150)

* 이 책은 곡성군 지원으로 제작되었습니다.

녹차부활

책과나무

차 학자와 차 명망가들이 그르친
한국 차, 차학, 차문화, 그 바른 방향을 묻고 찾는다.

"차를 마시고 싶다. 나는 술을 마시지 않는다.
오늘밤 아들과 차를 마시며 조용히 축하하고 싶다"

어떻게 보면 평범할 수도 있는 이 말은 2024년도 노벨상 수상 작가 한강이 10월 10일 노벨상위원회와의 전화 인터뷰에서 한 말이다. 차가 노벨상 수상 작가의 영감을 일깨워 주는 데 큰 도움이 됐을 것이라는 점에서 이 말은 한국 차의 가치와 차 생활의 중요성을 세계적으로 부각시키는 계기가 될 수도 있다.

흔히 차 생활은 어렵다고 생각한다. 대중이 본질적인 차 생활을 멀리하고 한국 전통 녹차와 그것에 기반한 전통 차문화가 커피 식민주의·보이차 사대주의에 밀려 사라져 가고 있다.

선사 시대에 신농씨(神農氏)가 차를 발견하게 된 것은 99가지 약초에 중독되어 찻잎을 씹어먹고 해독된 일이 계기가 되었다고 한다. 육우가 차의 경전이라는 『다경』을 쓰고 '다도'와 '득도' 개념이 싹텄던 당나라 때 사람들은 차 생활을 다반사로 했다. 그 때는 장안(長安) 중심가에서 변두리까지, 서민에서 귀족층까지, 새벽부터 밤늦게까지 차를 마시지 않는 이가 없었다고 한다. 당시의 차 종류는 단연 지금보다 훨씬 원시적인 떡차 형태의 녹차, 다기는 갈변된 차탕 색을 녹색에 가깝게 보여주는 월주요 청자였다.

오늘날 한국에서 차, 차 생활, 차문화가 어렵다고 느껴지는 것은 차로써 오로지 개인적 명리(名利)를 좇으며 한국 차 담론을 주도하고 있는 일부 차 학자(교수)와 차인(차 명망가)들의 차와 차문화의 본질에 대한 무지 탓이고, 그들의 이기주의가 발휘하는 차에 대한 아전인수식 해석과 왜곡 때문이다. 차 학자가 학자적 양심으로, 차 명망가가 사무사(思無邪)의 차 정신에 입각하여 차와 차문화의 본질이 무엇이고, 한국 차의 특장점이 무엇이며, 진정한 한국 전통 제다와 전통차는 어떤 것인데 왜 마셔야 하며, 그것을 누가 어떤 열정으로 창안하여 후대에 전승시키고자 한 것인지 그 맥락 관계를 진지하게 고민하고 찾아내서 연구하고 알려왔다면, 지금 한국 차와 차문화는 차로서 가치가 가장 적으면서 대단한 차인 양 과대망상돼 한국에서만 판치는 중국 보이차나 형식 위주인 일본의 차문화를 훨씬 능가하는 전통차와 차문화로서 글로벌 브랜드가 되어 있을 것이다.

차가 어렵다는 인식은 대체로 향과 맛이 별로인 오늘의 한국 전통차를 왜 까다로운 형식에 맞춰 마셔야 하느냐로 간추려진다. 여기서 '까다로운 형식'은 '한국 다례'를 말하고, '향과 맛이 별로인 한국 전통차'는 주로 '초의 제다법'이라는 명나라 덖음 제다 방식으로 만들어진 이른바 '초의차'류를 말한다. 또 "향과 맛이 별로"라는 생각은 한국 차 학자와 차인들이 '심신 건강·수양 음료'인 한국 전통 녹차를 자극성 강한 외래 '기호음료' 반열에 추락시켜 놓은 만행의 자업자득이다. 『새로 쓰는 조선의 차문화』 저자 정민 한양대 교수와 '초의차 계승자'임을 자처하는 (사)동아시아차문화연구소 박동춘 소장은 각각 그들의 저서에서 차를 "기호식품"이라고 단언하였다. 박동춘 소장은 또 "차에 독소가 있어 살청을 한다"는 주장까지 한다. 차를 마시지 말라는 넋두리로 들릴 수 있다. 신농 씨가 찻잎을 씹어 먹고 해독되었고, 당나라 시인 노동이 일찍이 〈칠완다가〉로써 녹차의 심신 건강·수양 기능을 설파했는데도.

한국 차에 대한 부정적 인식은 차와 차문화의 개념 이해 부족, 차 관련 용어의 복잡함이 빚는 혼동, 한국 전통 차문화라는 이른바 '다례'의 인위적 형식성에 대한 거부감에 기인하기도 한다. 그런데 이것들은 모두 차 학자들의 학자적 게으름과 무지, 차 명망가들의 이기주의에 의한 차문화 왜곡의 결과라는 말이다.

예컨대 남도 차 산지 국립대(대학원) 차 관련 학과와 산하 연구소 전·현직 특정 교수들은 (학과와 연구소 이름들도 그렇지만) 주로 하는 일이 차학의 본령에 대한 진지한 탐구보다는 수단과 방법을 가리지 않고 차를 오로지 돈벌이 수단으로써 산업화·상업화하자는 데 골몰하고 있는 것 같다. 남도 차 산지에서 정부 지원 대형 차 행사 주관으로 '차인' 명성이 자자한 한 승려는 23년 여름 '월출산 차문화 1,000년의 역사'라는 차 학술행사 치사致辭에서 "차는 돈이 되어야 한다…!"라고 일갈하기도 했다. 이들의 중요한 목적 중 하나는 정부와 지자체의 차 관련 제도나 시책을 이용하여 차 산업화·상업화 연구 프로젝트 또는 폐기된 옛 차 복원 사업 연구비와 차 관련 행사 지원금 타내는 것으로 보인다. 대중은 한국 차에 향과 맛이 없다는데, 차를 왜 마셔야 하느냐고 묻는데, 좋은 차를 어떻게 만들어 내고 바른 차 생활은 어떤 거다… 라는, 차와 차문화의 본질에 대한 학술적 탐구보다는 "향과 맛이 없는 차"를 그대로 과포장하여 상품화하고 선전하여 자신들과 대중을 어떻게 속이느냐를 기도(企圖)한다. 'ㅇㅇ산 1,000년의 차문화'라든가, 이름 없는 암자 버려진 대밭 차나무 몇 그루에 현란한 미사여구로 살붙여 'ㅇㅇ사 차문화의 역사적 고찰'과 같은 근거 없는 형이상학적 주제로써 유사 '학술대회'를 열어 국민 혈세인 공공 지원금을 축낸다.

저들의 전문성 발휘는 행사장 대형 홍보 풍선 띄우기 보다 부풀려진 페이퍼웍에서 절정에 이른다. 차를 모르고 꼼꼼하지도 않은 심사위원과 책임 면피에 바쁜 담당 공무원들을 눈가림하여 국가유산청과 지자체의 국민 혈세를 타낸다. 남도 차 산지 대학 차학과 1세대 교수들과 그들에게 학위를 받은 '차 마피아 2세들'이 대물림으로 남도 차 산지 대학과 지자체를 전전(輾轉) 섭렵하며 보부상 행세하는 본말전도의 고질이 악화되고 있다.

당·송대 떡차·단차여서 오늘날의 차로서 가치가 적어 중국과 일본에서는 일찍이 거들떠보지도 않게 된 청태전이나 뇌원차 같은 덩이차류를 막무가내 '복원'해 내면서 "녹차는 보관에 문제가 있고 떡차가 유행하고 있으니 (녹차수도 보성에서도) 떡차 쪽으로 가자"고 주장한다. 그런 일에 지금까지 백억 대의 지자체 예산이 쓰인 것으로 알려지고 있다. 폐기된 옛 차 복원(?)을 주도한 것으로 알려진 차 산지 대학 어느 교수는 은퇴 후 자신이 재임했던 대학 전·현직 교수진과 그 대학 차학과 학우, ○○지역의 차 전문가 등과 '○○차문화연구회'를 만들었는데, 이 연구회 주요 목적 중 하나가 "○○군 차문화를 주제로… 학술 연구용역… 저서 출판 등을 통해 ○○의 차문화와 차 산업에 관한 조사와 연구를 본격적으로 추진한다"는 것이다.

2024년 8월 12일 '차 산업 발전을 위한 정책토론회'가 ○○군 농업기술센터 대강당에서 그 지역 출신 국회의원실, 전남농업 기술원, ○○군 공동으로 개최됐다. 주요 내용은 학생 대상 다례 등 차문화 교육과 유기농 녹차의 학교 급식 정책 등을 통해 청소년의 건강을 지키고, 지속 가능한 차 산업 발전 방안을 모색하자는 것이었다. 이 토론회에서 ○○차문화연구회 ㅈ아무개 전 목포대 교수는 '차 산업법의 개정과 차 산업 발전을 위한 법령안 제안'을 내놓았다. 이는 차 산지 차 학자들의 관심이 어디에 쏠려있는지를 짐작케 한다.

위 대학 출신으로 최근 전라남도 일대 차 산지에서 차 행사를 기획하고 여는 일로 바쁜 ㄱ아무개 씨는 한국○문화○개발원 대표, ○○연구원 연구교수, ○선차연구회 한국차○○○교육원 장, ○전통○○학술원 임원 등 각각 이름만 조금씩 달리한, 그러나 한결같이 차 관련 행사로 공공예산 끌어다 쓰기에 목적을 둔 것으로 보이는 차 행사 업체들 직책을 중임 겸임으로 진주목걸이처럼 줄줄이 걸치고 다닌다. 그가 하는 일들의 내용은 현재 위기에 처한 한국 차의 품질향상이나 차문화의 본질 회복이라는 현안 타개책보다는 주로 역사적 차문화사적 근거가 없는 허구의 형이상학적 차 담론에 유사 학술용어로 미사여구를 덧붙여 가상 현실로 부풀려 내는 것이다. 남도 차 산지 차(학)계 1세대의 '한국 차문화 본질 왜곡−차를 이용한 무분별한 돈벌이' 병증이 2세대로 전염돼 확산되는 '전통 차문화 본질 말살' 팬데믹 현상이다.

위에서 보았듯이 차학 교수나 차 명망가 자신들도 모르는 정체불명 의미 부재의 행다를 학생들에게 '형식'으로써 강요하는 다례 교육이 차 산업 발전에 무슨 도움이 될 것이며, 한국 차문화 왜곡을 심화시키지나 않겠는가? 현행 각종 다례는 1970년대 후반 한국차인연합체 결성 때 회원가입 단체들이 자신들의 존재성을 부각시키고 '사범증' 발매의 상업적 목적을 위해 아무런 역사적 학술적 근거 없이 가지각색으로 급조한 것이다. 당시 한국차인연합체 결성을 발의했던 도예가 무초 최차란 선생(6년 전 작고)은 저서 『막사발에 목숨을 쏟아붓고』에서 다례의 기승을 걱정하여 "모르는 이들이 모르는 이들을 가르치는 '잡차(雜茶)'"라고 규정하였다. 최차란님이 현재 남도 차 산지 차 학계와 차계의 온갖 행태를 본다면, 현란한 거짓과 미사여구의 페이퍼웍으로써 국민 혈세 먹튀 공공 지원금 신청서를 만들어내는 이들에게 "雜ㄴㄴ…" 보다 더한 말을 붙여 힐책하지 않을까?

전국과 해외를 다니며 묻고 듣고 보았던 현장취재 기자로서의 문제의식과 대학에서 차를 가르치는 교수의 학자적 양심으로 한국 전통 차문화 복원 운동을 하고 있는 필자의 눈에는, 남도 차 산지 대학(대학원) 차 관련 학과 전·현직 일부 교수와 그런 교수들 지도로 학위를 받고 학맥 연대체를 이루어 남도 차 산지 차 담론을 전횡하고 있는 이들의 공공 지원금 '먹튀'(가성비에 해당하는 결과가 없다는 의미)는 규모로 볼 때 가히 '대형'이다. 공공 지원금 먹이 사냥의 앞뒤 세대 대물림 구도에서 물불 가리지 않는 저들의 행태는 국가기관, 언론, 학계, 시민사회 등의 견제 감시가 전무한 지방이라는 사각지대에서 더욱 대담무쌍하다.

이 책은 이처럼 토호 권력으로서 '차 마피아'가 된 남도 차 산지 일부 차 학자와 차 명망가들의 학맥―인맥 카르텔 이기주의와 반학자적 행태가 휘젓거나 매장시켜 버린 한국 차와 전통 차문화의 본질에 대한 이해를 바로잡아, 차 학인들과 대중이 차 공부와 차 생활에 좀 더 쉽게 다가가도록 돕고자 쓴 것이다. 후학들의 논문 소재나 주제 마련을 위해 약간 학술적으로 쓴 글도 있고, 일반 대중의 이해를 위해 쉽게 쓴 글도 있다. 목차를 Ⅰ·Ⅱ부로 나눈 것은 한국 차문화의 바른 길과 그것에 끼치는 해악을 대비시킨 것이다. 후반부 '**Ⅱ 차계와 차 학계의 구악 적폐청산, …**'에서는 여러 항에 걸쳐서 중복되는 용어와 비판이 나온다. 이는 그만큼 한국 차계(차 학계)의 구태와 적폐가 얽히고 섥혀 있음을 반영하는 것이라고 이해해 주시기 바란다.

이 책의 글에서 비판된 내용의 당사자들은 학술적 비판을 '비난'으로 여겨 감정적 대응하기를 자제하고, 한국 차학과 차문화 발전을 위해 SNS나 이메일 또는 기고나 저술을 통해 논리적인 글로써 건강한 반론이나 토론을 제기해 주기 바란다.

2025년 봄, 새 찻잎 맞을 기쁨에 겨워

지리산 자락 섬진강 물가 산절로야생다원에서 **최성민**

I

심신 건강과 수양, 한국인이 녹차를 마셔야 할 일석다조(一石多鳥) 이유

II

차계와 차 학계의 구악 적폐청산,
한국 차 부흥의 선결과제

I

심신 건강과 수양, 한국인이 녹차를 마셔야 할
일석다조(一石多鳥) 이유

1

"차를 마시고 싶다"
한강의 영감과 혜강의 깨달음이 만나는 자리

"차를 마시고 싶다. 나는 술을 마시지 않는다.
아들과 차를 마시면서 오늘 밤 조용히 축하하고 싶다."

어떻게 보면 평범할 수도 있는 이 말은 2024년도 노벨상 수상
작가 한강이 10월 10일 노벨상위원회와의 전화 인터뷰에서 한
말이다. 차가 노벨상 수상 작가의 영감을 일깨워 주는 데 도움
이 됐을 것이라는 점에서 한국 차의 가치와 차 생활의 중요성을
세계적으로 부각시키는 계기가 될 수도 있다.

그가 마신 차가 성분과 효능 상 차로서 가치가 없는 장작개비
보이차였겠는가, 보이차 흉내 낸 적갈색 산화 · 발효차 계통이
었겠는가? 틀림없이 다신(茶神)의 신통(神通)적 매개 기능으로
써 작가적 영감을 우주적 영혼과 연결해 주었을, 그리하여 『소
년이 온다』에서처럼 죽은 이의 영혼을 불러내 산 자들의 가슴에

심어 주어, 12.3 내란계엄 만행을 막아내고 세계인들의 영혼적 공감을 가능하게 해 주었을 한국 전통 녹차였을 것이다. 단순한 '기호식품'이 아닌 한국 전통 녹차, '심신·건강·수양 음료'로서 카테킨 테아닌 카페인 등 차의 3대 성분이 잘 보전된, 말하자면 동아시아 사상 기론(氣論)상의 다신(茶神)이 잘 갈무리되어 담긴 한국 전통 야생 수제 녹차가 아니었을까? 그가 나서 자란 광주 일대, 그의 아버지 한승헌 소설가가 사는 장흥 일대, 그리고 강진과 보성은 그런 한국 녹차의 본향이라고 할 수 있다.

한강의 노벨문학상 수상과 함께 지구촌 독자들이 한강처럼 자연의 섭리를 깨닫게 해 주는 한국 전통 녹차를 마시면서 『작별하지 않는다』와 『소년이 온다』를 읽는 날이 다가오기를 기대한다. 이런 소망에 실어 한국 전통 녹차에 담긴 '다신(茶神)'의 의미와 한국 전통 녹차가 심신 건강·수양 음료인 이유를 조선 시대 후기 뛰어난 기철학자 혜강 최한기 선생의 기학(氣學) 이론에 따라 설명해 보겠다.

모든 철학의 시작이자 기반은 존재론(본체론)이고 동아시아 사상 존재론은 기론(氣論)이다. 기론은 우주 만물이 기(炁. 元氣)로 이루어져 있는데, 기는 부단히 운동·변화(運化)하는 속성을 지녔다는 설명이다. 기론은 동양의 대중 지성이 밝혀낸 우주론으로서 일찍이 도가사상의 기반이 되었고, 불가에서는 '신불멸론'을 통해 윤회의 질료로서 수행의 텃밭 역할을 해왔으며, 유가에서는 이기론을 통해 성리학을 낳은 씨앗이 되었다. 또 중국 송대 성리학의 이기론은 명·청대를 거치면서 기일원론으로 정리되어 일본에 전해졌고, 조선 시대에 사단칠정론 등 치열한 학술 토론을 거쳐 조선 후기 혜강 최한기 선생에 의해 가장 선진적인 '기학'으로 이 땅에 안착되었다.

최한기 기론의 이론 상세(詳細)는 그의 저서인 『기측체의』(「신기통」과 「추측록」)와 『기학』에 나와 있다. 요지는 "우주 자연 만물은 기(神氣)로 되어 있으며, 신기의 속성은 활·동·운·화(活·動·運·化)"라는 것이다. 신기는 우주 만물에 퍼져 채우고 연결한다는 의미에서 '신기통(神氣通)'이라고 한다. '기(氣)' 앞에 '신(神)'이라는 형용사를 붙이는 까닭은 말로 다 설명할 수 없으나 실체로서 감지하고 경험할 수 있는 '기의 오묘한 내재적 활동성'을 강조하기 위함이다. 신기의 구체적 활동성인 '활·동·운·화'에서 '활(活)'은 자연론적 내용으로 '생기(生氣)'를 본성으로 한다. 생기는 존재론적인 측면에서 하늘과 인간이 공유하고 있는 기통적(氣通的) 보편 질료이자, 인식론적인 측면에서 하늘과 인간의 질료적 동질성에 대한 이해이다.

최한기 기학의 '깨달음'이란, 인간에 품수된 신기의 '추측지리'와 기의 운동 원리인 '활동운화'를 바탕으로 대기운화(한서습조와 같은 대기의 활동변화)의 목전 상태인 방금운화(方今運化)를 체인(體認)하고, 연장선상에서 천인운화(天人運化 : 하늘과 인간이 기적 동질성을 기반으로 하늘의 섭리와 인간의 법도가 일치되는 기적氣的 상황)를 체득(體得)하여 천인일치(天人一致.

자연의 원리에 승순承順하여 자연天과 인간이 하나가 되는 자연 합일)의 경지에 이르는 것이다.

이러한 혜강 기학의 깨달음과 한국 수양 다도의 원리를 이렇게도 설명할 수 있다. 즉 차에는 신기(神氣)로서 다신(茶神. 차의 3대 요소인 카테킨, 테아닌, 카페인)이 들어있다. 특히 한국 수양 다도에서 마음을 안정시키는 효능을 발휘하는 테아닌은 온대 소엽종 관목인 한국 찻잎에 많이 들어있다. 여기에서 차, 특히 녹차가 심신 건강·수양 음료로서 가장 중요한 차라는 것은, 녹차는 채엽 즉시 살청·건조시켜서 카테킨 산화와 테아닌 발효를 방지시킨 차이기 때문이다. 카테킨은 항산화 작용으로써 정신의 기반인 신체의 활력 증진을 좌우한다. 이에 반해 보이차의 경우 오랜 기간 카테킨은 카테킨 산화 효소의 작용으로, 테아닌은 곰팡이 효소에 의한 발효 작용으로 각각 산화·분해되어 유실돼 버린다.

말이 잠시 옆으로 샜지만, 다시 혜강 기학의 깨달음 이론과 한국 수양 다도의 깨달음 원리 설명으로 돌아가 보자. 혜강 기학의 신기에 해당하는 것이 차에 있어서 다신(茶神)이다. 녹차를 만드는 과정은 채엽에서부터 완제차에 이르기까지 다신을 보전하고 잘 갈무리하여 담는 공정이다. 혜강 기학에서 깨달음이 신기의 추측 작용을 기반으로 방금 운화 → 대기 운화 → 천인 운화 순으로 인간과 우주를 기적 동질성으로 조화시키고 일치시키는 일이라고 할 때, 한국 수양 다도에서 차를 만들고 우리고 마서서 득도에 이르는 과정이 그것이라고 할 수 있다. 이때 다신은 방금 운화와 대기 운화를 체득하여 천인 운화에 통달하게 하는 감지 및 경험 가능한 실체적 실물로서 작동한다.

　초의 선사가 명대(明代) 장원(張原)의 『다록』의 요점들을 베껴 적으면서 책 이름을 『다신전(茶神傳)』(다신의 의미를 전함)이라고 지은 취지가 이런 기학적 이해에서 비롯되었을 수 있다. 초의는 그 연장선상에서 『동다송』에서는 "채진기묘 조진기정 수득기진 포득기중"이라 하여, 채엽 및 제다에서 다신을 아우르고, 포다 및 음다에서 그 다신을 차탕에 구현시켜 심신에 이입시킴으로써 그 다신의 효능으로 자연과의 합일, 천인일치의 경지(독철왈신獨啜日神)에 이르는 '한국 수양 다도'를 규정하지 않았겠는가.

2

어떤 차를, 왜, 어떻게,
우려 마셔야 하는가?

차의 3대 성분(카테킨·테아닌·카페인)이 가장 잘 보전된 녹차

위 제목의 물음은 차가 수천 년 동안 '다도'라는 독특한 문화 양태와 함께 인류의 삶을 살찌워 온 내력을 묻는 것이자, 보이차와 커피가 판치고 있는 한국 차 시장과 차계의 무지와 비정상을 들춰내서 차에 대한 지식이 적은 대중을 올바른 차 생활로 안내하는 데 그 목표가 있다.

막상 차 생활을 하려고 하면 국내에서 한창 기승을 부리고 있는 보이차와 그 아류 등 유달리 많은 차의 종류와 복잡다단한 '다례'라는 행다 양식이 앞을 막는다. 그런데 그것들은 대부분 상품화된 것들이어서 친절히 가르쳐 주는 기능보다는 과장과 거짓으로 분칠을 하고 대중의 판단력을 마비시켜서 더욱 혼돈에 빠뜨리거나 선전술과 광고력이 커서 대중을 흡입하다시피 한다. 한국에서 서양 커피와 중국 보이차가 홍수를 이루어 전통 녹차와 그것에 기반한 전통 차문화를 훼손하고 있는 현상이 이를 잘 말해준다. 한국 차 학자나 차인들 가운데 이런 참혹한 현실을 인식하고 그 원인을 파악하여 학술적으로 문제 제기 또는 대안을 제시하거나 담론(글, 말, 또는 저술)을 통해 대중들에게 알려주는 이가 없다. 모두가 그것들을 기존·기득의 사실로 인정해 버리고 그 바탕 위에서 자신들의 명리 추구를 위한 진술을 연역해 내니 한국 차학과 차문화는 날로 퇴보하고, 제다와 차 품질의 저하에 따라 대중의 차 생활 수준도 정상 궤도에서 벗어나게 된다. 또 이렇게 차의 소비 기반이 무너지니 재래 차농과 차 산업의 사양화로 이어질 수밖에 없다.

위와 같은 문제를 전제로 두고, 차 생활에 있어서 가장 중요한 사항이라고 할 수 있는 차를 마시는 이유와 어떤 차를 마셔야 하는지를 살펴보자. 이것은 차(제다) 및 차 생활과 차문화(다도)의 본질을 알아보자는 것이다. 왜 차를 마셔야 하는지, 어떤 차를 마셔야 하는지는 수천 년의 역사를 일구어 온 제다사를 살펴봄으로써 실증적으로 파악할 수 있다.

중국 제다사와 한국 제다사가 알려주는 것

중국 제다사와 한국 제다사를 비교 고찰해 보자.

[중국 제다사]

시대구분	당(唐)		송(宋)		명(明)·청(淸)
제다법	生茶, 蒸製	蒸-焙-研(膏)	蒸-壓(膏)-乾-研(膏)	蒸-榨(자)-研(膏)→造茶-過黃	炒製(炒焙)(산화후 炒焙)
차종류	餠茶	초기 연고차 茶餠	중기 연고차 茶餠	후기 연고차 茶餠	잎차(散茶) *炒焙 靑茶
음다법	煮茶法,煎茶法	點茶法	點茶法	點茶法	泡茶法
다기	(월주요) 靑磁	黑磁	黑磁	黑磁	白磁
근거	『茶經』(陸羽)	『畵墁錄』(북송 張舜民)	『大觀茶論』(북송 휘종)	『北苑別錄』(남송, 趙汝礪)	『茶錄』(명, 張原)

[한국 제다사]

시대구분	신라	고려	조선					
제다법			생배	증배	구증구포	焙, 蒸焙	三蒸三曬	炒焙
차형태·종류	중국 餠茶(녹차→산화차)	뇌원차 등 餠茶, 茶餠(연고차)	부풍향차(餠茶)	散茶(종이포장)	團茶(내부구조)-餠茶(외형)	葉茶 餠茶	茶山 茶餠(연고차)	散茶
음다법	煎茶法	전다법(點茶法)	(전다법)	(포다법)	전다법(보림백모-전다박사)	포다법, 전다법	(점다법)	포다법
다기		청자		(백자)	(백자, 청자)	(백자)	(백자)	(백자, 옹기)
근거	쌍계사 진감국사비	고려사	『扶風鄕茶譜』李運海	『記茶』李德履	이유원의 시 「죽로차」	「다신계절목」	다산의 편지	『동다송』
연대			1757	1783	1808~1819	1819~	1830~	1837

위 표에서 파악할 수 있는 것은 제다법·음다법·차의 형태 추이와 함께 그 변천 요인이다. 중국 제다사에서 제다법과 차의 형태는 증제 떡차(당) → (증제) 초기 연고 단차(당 후기, 잎을 찌고 말려서 가루 내어 덩이로 만들기) → (증제) 중기 연고 단차(송 초기, 잎을 쪄서 진액을 빼고 말려서 가루 내어 덩이로 만들기)→ (증제) 후기 연고 단차(송 후기, 잎을 쪄서 진액을 빼고 가루 내어 덩이로 만들어 말리기) → 초배(炒焙. 잎을 덖어 말리기) 잎산차(葉散茶) 순으로 변천·발전하였다. 여기서 (중국) 제다사의 방향성을 간추려 보자면, 차의 종류로서는 본질적인 차로서 녹차 고수(固守)를 일관했는데, 그 형태와 제다법 및 탕법이 시대적 환경에 따라 달라졌다고 할 수 있다. 차 형태가 떡차 → 연고 단차(찌고 말려서 가루 내어 덩이로 만들기→ 쪄서 진액 빼고 말려서 가루 내어 덩이로 만들기 → 쪄서 진액 빼고 가루 내어 덩이로 만들어 말리기) → 덖음 잎차로 변하고 발전한 것에서는 당시 제다인들이 본질적인 차로서 녹차의 정체성을 유지하기 위해 많은 궁리를 했음을 알 수 있다.

또 이에 따른 음다법은 자다(煮茶. 생잎을 썰어서 국처럼 끓이기) → 전다(煎茶. 떡차를 가루 내어 한약처럼 달이기) → 점다(點茶. 가루차에 물방을 떨어뜨려 저어서 탕 만들기) → 포다(泡茶. 잎차에 더운 물을 부어 우려내기)이다. 여기서 알 수 있는 것은 제다법과 차의 형태가 당 후기~송대에 걸쳐 진액을 짜낸 과도기적 연고 단차 제다 외에는 모두 생잎에 든 차의 주요 성분과 좋은 차향을 완제된 차에 여하히 잘 보전해 내느냐라는 고민의 결과라는 것이다. 탕법의 변화도 녹차의 성분과 향을 얼마나 잘 달여 우려내느냐에 대한 방법론의 발전이라고 볼 수 있다.

제다사에서 제다의 목적은 요즘 제다의 목적과 마찬가지로 생찻잎의 좋은 상태가 변질되지 않도록 보관·운반하는 것이었다. 즉, 차를 찌거나(당~송대) 덖은 것(炒, 명대)은 생찻잎의 카테킨 성분 산화를 막기 위한 '살청' 방법이었고, 찌거나 덖은 잎을 잘 말리고자 한 것(焙)은 곰팡이에 의한 테아닌 성분(아미노산의 일종)의 발효·유실을 막고자 한 것이었다. 차의 형태를 '떡차'로 한 것은, 좋은 포장재가 없던 시절 보관 및 운반 편의를 위한 것이었다. 떡차를 죽순 껍질 등으로 포장했으나, 종이 포장재가 등장한 명대 이후엔 덖음 잎차로 제다법과 차 형태가 바뀌었다.

당나라 때 청자 다기, 오늘날엔 백자 다기를 써야 하는 이유.

요즘 한국 차 학자나 차인들이 건성으로 넘어가는 중요한 사실이 있다. 당나라 때 육우가 지은 '차의 경전'인 『다경』에 나오는 대목으로, 녹차의 중요성과 당시 제다법 및 차의 형태, 차와 다기의 관계, 나아가 차 우림 방법까지 아울러 지적해 주어 차 공부의 종합적 지침이 되는 내용이다. 『다경』 제4항 '찻그릇'에서 청자 다기와 백자 다기의 우열을 비교한 것이다. "월주요의 청자가 최고, 형주요의 백자가 그 다음…"이라고 했다. 그 이유로 "월주요 청자는 차탕 색을 녹색에 가깝게 해주고, 형주요 백자는 차탕 색을 벌겋게 보여준다"고 했다.

그 내용을 더 음미해 보자면, 당나라 때 녹차(차의 종류)를 만들고자 찻잎을 쪄서(증제 살청), 마땅한 포장재가 없기에 찐 찻잎을 절구에 찧어 떡차(차의 형태)로 만들었는데, 그 떡덩이를 말리는 과정에서 오랜 기간 속까지 잘 마르지 않아서 카테킨이 산화되고 곰팡이가 슬어 테아닌이 발효돼 버렸다. 이때 어떤 돈 모양 떡차는 푸른 곰팡이가 슬어 '청태전'이라는 이름이 붙었을 것이라고 생각된다. 이런 떡차를 전다법으로 펄펄 달여내 보니 카테킨 산화물이 추출된 차탕이 기대했던 녹차의 연녹색이 아니라 황갈 또는 적갈색으로 나왔다. 그래서 당시 차인들은 차탕 색을 조금이라도 녹색에 가깝게 보이도록 월주요 청자 다기를 선호했다는 것이다.

당시에는 도자기 만드는 기능(도예)이 중국에만 있었고 찻그릇 만드는 일이 도예의 주요 목적이었기에 제다와 도예 발전사는 궤를 같이했다. 당대의 청자 도예에 이어 명대에는 카테킨이 잘 보전되어 연녹 탕색을 내는 덖음 잎차가 나오면서 연녹색 녹차 탕색의 아름다움을 그대로 살려 보여주는 백자 다기를 썼기에 당대의 청자 문화에 이어 명대에 백자 문화가 꽃피었다. 그

것이 그대로 이 땅에 옮겨진 것이 고려청자, 조선백자 문화이다. 도예사와 제다사는 궤를 함께했으므로 고려 시대 제다(또는 차)와 다기, 조선 시대 제다와 다기의 관계는 어떠했으며, 오늘날 우리가 써야 하는 다기는 고려청자일까 조선백자일까?

전남 차 산지 지자체와 대학의 반학술적 옛차 복원과 혈세 낭비

공식 기록상 한국에 차가 들어온 내력은 신라 선덕여왕 2년(828년), 중국에 사신으로 갔던 대렴이 씨앗을 들여와 지리산 남쪽(하동 쌍계사 아래 시배지라는 주장과 구례 화엄사 아래 장죽전이라는 주장이 차 브랜드 기득권을 두고 논쟁 중이다)에 심었다는 것이다. 혹자는 고려 시대에 차문화가 최고로 흥했고 그 중심은 불교라고 주장한다. 이는 근거 없는 아전인수 추정일 뿐이다. 고려 시대에 팔관회 등 제천 의례에서 차를 올리는 '차례(茶禮)'가 행해졌다는 기록이 있고, 중국에서 온 일부 차 이름들이 등장하기는 하나 고려인들이 직접 제다한 내용이나 차의 특성에 관한 기록은 전무하다. 또 고려 시대에 불교가 국교 역할을 했다는 점에서 불교가 차문화의 중심이었다고 주장하나, 승려들이 단지 음다 풍 수준의 차를 마셨을 것이라는 추정으로 그렇게 말할 뿐, 불가나 승려들이 차문화의 핵심인 제다나 다도를 실천했다는 기록 역시 전무하다. 오죽하면 2022년, 보성군과 목포대 대학원 국제차문화산업연구소가 이른바 '고려 황제차'라는 '뇌원차'를 복원한다면서 복원연구용역보고서에서 "관련 기록이 없어서 중국 책(송나라 기록인 『북원별록』인 듯)을 참고하여 장님이 코끼리 다리 만지듯 (뇌원차를) 만들었다(복원했다)"고 실토하기도 했다. 또 비슷한 시기에 박동춘 (사)동아시아차문화연구소 소장은 '고려 백차'와 고려청자를 복원했다고 주장하면서 역시 '고려 백차' 복원에 중국 기록을 참고했노라고 했다. 차 학자라는 이들이 학술적 근거가 없는 '뻘짓'들을 오로지 명리 추구 목적으로 하고 있는 모습이다. 지자체의 예산이나 사단법인 기부금을 쓰면서 그런 일을 하는 목적은 한국 전통 차문화를 발전시키자는 것과는 무관하고 오로지 지자체의 실적주의와 당사자들의 명리를 위한 것이라 할 수 있다.

차는 선사 시대에 신농 씨가 발견한 이래 그 용도가 약용 → 약·식용 → 수양 음료 → 수양·기호식품 순으로 용도가 바뀌어 왔다. 차의 용도가 수양 음료를 거쳐 기호음료에 이르는 과정을 유심히 살펴보면 차의 본질과 정체성은 '심신 건강·수양 음료'로서 '녹차'이고, 차가 기호음료화된 것은 서양의 홍차 문화에 영향을 받은 차의 상업주의화 경향과 이에 따른 명말·청초의 산화차(우롱차 등)의 출현 때문임을 알 수 있다.

당대 『다경』, 송대 『북원별론』 및 『대관다론』, 명대 『다록』에서 알 수 있듯이, 대부분의 차의 제다는 일단 찻잎을 찌거나 덖어 카테킨 산화를 막는(카테킨을 보전하는) '살청' 과정을 필수로 했다. 이는 녹차를 만들었다는 증거이다. 녹차의 효용에 대해서는 당대 육우의 '음다 집단' 멤버로 알려진 봉연과 교연이 각각 차시를 통해 '다도'와 '득도'라는 개념을 표출한 데서 알 수 있다. 즉 차의 3대 요소(색·향·맛)와 3대 성분(카테킨·테아닌·카페인)이 잘 보전된 녹차로써 음다 명상을 통해 득도에 이르는 다도를 수행했다는 것이다.

녹차 외에 다른 차류가 나온 사연
제다법 차이와 차의 유효 성분 함유 정도에 따른 6대 차 종류 구분

청차와 같은 카테킨 산화차는 명말·청초에 나왔는데, 이때는 덖음 제다법이 유행할 때였다. 이른바 산화차(속칭 반발효차)가 나온 사연을 보면, 따온 찻잎을 바로 덖지 못하고 나중에 갈변된(카테킨 산화된) 찻잎을 덖은 것이 녹차보다 이색적인 향과 탕색이어서 새로운 차 종류로 개발하게 되었다고 한다. 이는 영국에서 '살청' 과정이 생략된 홍차를 만들게 된 사연과 흡사하다. 동양 사상의 다도 개념이 없던 영국에서 홍차에 다른 향신료를 넣어 '애프터눈 티'라는 행다 양식으로 취각이라는 말초 감각을 자극하는 기호성을 좇아 동양의 차를 대했던 이유를 생각하면,

명말·청초에 청차류가 나오면서 차가 기호음료화한 사연을 유추해 볼 수 있다. 더불어 녹차가 심신 건강·수양 음료여야 할 이유도 명백해진다.

녹차를 기준으로 제다 원리에 따른 6대 차류의 구분을 보면 어떤 차를 왜 마셔야 하는가에 대한 이해를 높일 수 있다. 여기서 녹차를 기준으로 하는 이유는 녹차가 차의 주요 3대 성분을 가장 잘 보전하고 있고, 다른 차들은 카테킨과 테아닌의 산화·발효 정도에 따라 구분되기 때문이다. 즉, 제다 과정에서 차의 3대 주요 성분 중 카테킨과 테아닌이 변질(유실)되는 정도에 따라 차 종류가 갈라진다는 것이다. 이때 차 성분 변화 양상은 카테킨(티폴리페놀) 산화 효소 또는 가수 분해 등 화학적 요인에 의한 카테킨 산화 및 미생물(곰팡이) 효소에 의한 테아닌 발효 등이다. 여기에서 요즘 제다 원리 및 차 종류 구분에서 혼동을 일으키게 하는 차의 산화(산화차)와 발효(발효차)에 대해 알아볼 필요가 있다.

차의 산화는 찻잎에 들어있는 폴리페놀옥시데이드라는 폴리페놀 산화 효소가 열이나(섭씨 45도 정도에서 활성화) 충격 등 자극에 따라 산소를 불러들여 폴리페놀인 카테킨을 산화시키는 현상이다. 산화가 촉진되면 폴리페놀이 변화하여 차황소(청차의 테아플라빈), 차홍소(홍차의 테아루비킨), 차갈소(흑차의 테아브로닌)로 점차 변한다. 차탕 색은 폴리페놀(카테킨) 산화물이 추출된 색깔이다.

차의 발효는 곰팡이(미생물)가 내는 효소의 촉진에 의해 유기물(단백질 성분)인 테아닌이 분해되는 현상이다. 아직 차의 발효에서 테아닌 분해로 유용한 산물이 새로 생긴다는 연구 보고는 없다. 그렇다면 여기에서 테아닌의 '발효'인가 '부패'인가, 흑차(보이숙차)는 발효차인가 부패(썩은) 차인가? 라는 의문이 생긴다.

제다에서 발효의 개념이 도입되게 된 역사적 배경에는 1825년 영국의 동인도회사가 앗샘 품종으로 인도에서 홍차를 제조할 때 '온발효법'을 사용한 일이 있다. 그 당시 유럽에서는 프랑스 미생물학자인 파스퇴르에 의해 발효 양조의 연구가 주목받던 시기로, 특정 미생물이 포도주를 발효시키고 변질시킬 수 있다는 사실을 발견하였다. 이 시기에 홍차 연구자들은 홍차의 온발효법 가공에서 일어나는 찻잎의 변화를 미생물의 작용에 의한 것으로 판단하고 파스퇴르의 발효 개념을 제다에 연관시켰다. 이후 19세기 말 20세기 초 과학 기술의 발달로 무균상태에서도 '발효'가 진행된다는 사실이 밝혀지고 찻잎의 변색은 미생물이 관여하지 않는 '산화'에 따른 것으로 밝혀졌다. 그러나 지금까지도 오랫동안 사용된 '발효'라는 개념을 계속 사용하고 있으며, 이로 인해 (카테킨) 산화차를 '반발효차'라고 하는 등 용어의 혼란이 초래되고 있다.

따라서 6대 차류 구분은 제다 공정상의 산화 · 발효 기법의 개입 여부와 산화 · 발효의 정도에 따른 구별이라고 할 수 있다.

구체적으로는 '살청' 여부, '민황(悶黃. 황차 제다에서)과 적퇴
(積堆. 흑차 제다에서) 여부, 산화의 정도(청차, 홍차, 흑차 제
다에서), 미생물 발효의 정도(황차와 흑차 제다에서)에 따라 차
의 제다법과 종류를 구별하는 것이다. 그리고 현재 혼돈 중인
산화·발효에 따른 차의 종류 명칭도 산화가 위주인 산화차(청
차, 홍차) 또는 산화와 발효가 다 일어나는 산화·발효차(황차,
흑차)로 구분하여 불러야 한다. 이렇게 하여 차 종류 각각의 제
다 원리와 성분 및 효능 변화 여부, 그리고 그 특성을 파악하여
어떤 목적(심신 건강·수양 또는 말초 감각적 기호 충족)으로
어떤 차를 마셔야 할 것인지를 확연히 판단할 수 있게 된다. 이
런 기준을 생각하면서 차 종류별 제다의 원리와 그 특성을 살펴
보자.

차 종류별 제다 원리와 특성

백차는 이른 본 차 매니아들의 차 춘궁기 넘이를 위해 갓 나온
차 싹을 따서 그늘에 말린 것이다. 찻잎이 너무 연약하여 살청
을 하지 않고 그늘에 오래 말리는 과정에서 카테킨이 약간 산화
되어 차탕은 옅은 갈색을 띤다. 카테킨이 약간 유실되었으니 성
분상 녹차보다는 못하다고 할 수 있다.

녹차는 찻잎을 따자마자 고온의 증기로 찌거나 솥에 덖어서

카테킨 산화 효소의 작동을 정지(섭씨 약 75도 이상에서)시켜 카테킨을, 잘 말려서 곰팡이 침투를 막아 테아닌을 보호한 차이다. 따라서 녹차에는 카테킨과 열에 의해 별로 변하지 않는 테아닌 및 카페인 등 차의 3대 성분이 잘 보전돼 있다.

황차는 녹차 제다 과정에서 살청 후 완전히 건조되지 않은 찻잎을 짧은 기간 동안 쌓아두어(悶黃) 그 사이에 미생물 침투로 테아닌 발효와 카테킨 산화가 발생한 것이다. 차탕이 약간 누런 색이어서 황차라 부른다. 녹차에 비해 약간 구수한 냄새가 난다.

청차는 흔히 '반발효차'라고 하여 이름에 혼선을 빚는 차이다. 약산화차라고 하는 게 맞다. 대만의 동방미인, 중국 복건성의 대홍포와 철관음 등이 대표적이다. 생찻잎이 자연 상태에서 20%~50% 정도 카테킨 산화된 뒤 살청을 하여 산화를 멎게 한 차이다. 향이 "아름답다"(동방미인)고 할 정도로 자극적이고 독특하다. 살청 공정이 있는 것으로 보아, 명대에 덖음 녹차 제다 법(炒焙法)이 나온 이후(명말·청초)에 녹차 제다 과정에서 우연한 사유로 발생한 차라고 할 수 있다.

요즘 한국에서 보이차 상업주의의 위력으로 보이차 맹종이 기승을 부리자, 한국 제다 농가들이 청차류를 보이차와 같은 '발효차'라고 착각하여 보이차 흉내 내기 '반발효차 제다'에 열중하고 있다. 그러나 이때 말하는 반발효차는 위에서 살폈듯이 '산화차'를 잘못 부르는 것이다. 또한 청차가 감각적인 향으로써 차를 기호식품으로 인식하게 한 계기가 되었다고 할 때, 이는 동방미인 등 찻잎 자체의 향이 강한 중국 차(보이차가 아닌 청차류)를 기준으로 한 것이어서, 찻잎의 향 성분이나 효능이 다른 한국 찻잎(산화의 대상인 카테킨 성분이 중국 아열대 대엽종에 비해 낮다)으로 청자류 제다를 시도하는 것은 제다의 원리나 이념에 맞지 않고 신토불이 개념에서도 벗어나며, 중국 산화차류에 비해 국제 경쟁력도 떨어진다.

제다의 일차적인 목적은 김치와 된장 담그듯 원재료를 오래 보관하기 위한 것이다. 김장은 채소를 깨끗이 씻고 온갖 양념을 가해 유실되기 쉬운 양분을 최대한 보충하는 과정을 거친다. 흔히 보이차를 발효 식품이라 하여 김장 김치에 비유하는 것은 잘못이다. 보이차는 오래 보관하기 위하여 깨끗이 씻고 중간에 유실되기 쉬운 양분을 보충하는 공정을 거치지 않는다. 보이차는 원래 살청 녹차이다. 이것을 티베트나 몽골 등 채소가 부족한 먼 곳에 잔뜩 가져다 두엄처럼 쌓아두고 오래 쓰다 보니 저절로 카테킨이 산화되고 곰팡이가 슬어 테아닌이 분해돼 버린 것이다. 그렇다고 향이 좋아서 기호식품인 것도 아니다. 티베트에서는 보이차에 야크젖이나 버터를 타 먹는다. 보이차는 카테킨과 테아닌이 각각 산화·발효로써 거의 유실돼 버려서 성분 함량 면에서 장작개비에 가까운 차라고 할 수 있다.

홍차는 생찻잎에 물리적 자극을 가하여 카테킨 산화 정도가

50% 이상 80%에 가깝도록 살청을 하지 않고 두었다가 건조해 만든 차이다. 홍차는 동아시아 사상 수양 이론이 가미된 '다도' 개념이 없는 영국에서 자극적인 향만을 생각하여 만든 '기호음료'라고 할 수 있다. 영국 홍차에는 향의 자극성을 강화하기 위하여 다른 향신료를 넣기도 한다.

흑차는 흔히 '후발효차'라고 하는 것으로서 보이숙차처럼 오래 쌓아둔 과정에서 곰팡이가 슬어 단백질 성분인 테아닌이 분해되고, 지속적인 가수분해에 의해 카테킨이 거의 모두 산화된 것이다. 그러나 차는 오래 보관하는 것이 목적이 아니고 다른 채소처럼 신선한 상태에서 음용하는 것이 바람직하다. 중국 보이차 산지인 보이시 사람들은 2년 이상된 보이차는 음용하지 않는다고 한다. 녹차로서의 가치가 적기 때문이다.

바람직한 차 생활
한국 차·전통 차문화·제다농·차 산업 살리기

여기에서 중요한 것은 한국 전통차인 녹차와 그것에 기반한 한국 전통 차문화인 수양 다도가 쇠멸해 가는 원인을 짚어보는 것이다. 한국 전통차와 차문화가 쇠멸해 가는 표면적인 이유는 외래 수입 음료인 커피와 중국 보이차의 범람이다. 그런데 이것들은 심신 건강이나 수양과는 무관한 단순 기호음료들이다. 안

타까운 것은 이런 세태를 추종하여 한국의 영향력 있는 차인과 차 학자들, 예컨대 초의차 계승자임을 자처하는 (사)동아시아차문화연구소 박동춘 소장과 『다시 쓰는 조선의 차 문화』 및 『한국의 다서』를 집필한 한양대학교 정민 교수 등이 그들의 저서와 담론을 통해 "차는 기호음료"라고 주장하는 것이다. 이런 탓에 '심신 건강·수양 음료'이어야 할 한국의 전통 녹차는 저급한 기호음료 반열로 추락당하여 자극적인 냄새와 색깔이 강한 커피와 보이차에 밀려서 맥을 못추게 되었다고 생각한다.

따라서 한국 전통 차(녹차)를 되살리는 길은 '심신 건강·수양 음료'로서의 녹차의 정체성을 강조하고 그에 걸맞게 높은 효능을 발휘하는 녹차를 제다하도록 한국적 전통 제다법을 찾아 되살리는 것이다. 심신 건강·수양 효능을 잘 발휘하는 녹차가 나와서 대중의 호응 속에 '한국 수양 다도'가 국민 심신 건강·수양 프로그램으로 자리 잡을 때 한국 전통 녹차와 차문화가 활기를 띠게 되고, 그렇게 국내 차 소비 기반이 확대되어야 차농과 차 산업이 살아나게 된다. 이런 당연한 수순과 원인 치유를 망각하고 백날 '한국 차 산업 발전'이나 '전통문화 산업화'를 외쳐 봐야 그것은 차계와 차 학계의 지원금 획득 전문 '꾼'들의 지자체 예산 따먹기 술수일 뿐이다.

야생 수제 녹차는 어떻게 우리는가?

순수 야생 수제 녹차인 산절로차의 우리는 법을 아래에 소개한다. 참고로, 수제 야생 녹차는 성분 함량이 많고 특히 카테킨 테아닌 카페인 등 차의 3대 성분이 잘 보전돼 있어서 약간 떫고 쓴 맛(카테킨과 카페인 맛)과 함께 감칠맛(테아닌 맛)이 난다. 떫고 쓴맛이 나는 것은 카테킨이 살아있는 녹차만의 특장점이다. 일부 차 명망가들은 떫고 쓴맛을 없애기 위해 덖고 살청한다고 주장하고 있으나, 차의 특성이나 제다의 원리를 몰라서 하는 말이다. 특히 약간 쓴 맛은 모든 맛을 두드러지게 해 주는 맛의 기본 베이스라고 할 수 있다. 차탕의 연녹색은 카테킨의 색깔이어서(물에 녹지 않는 엽록소 색깔이 아님), 차탕이 황갈색이면 카테킨이 산화됐거나 너무 센 열로 인해 단백질 성분인 테아닌이 탄 것이다.

산절로차 우리기

산절로차는 한국 독창적 전통 제다법인 다산의 삼증삼쇄(구증구포) 증배법으로, 제다 공정에서 인위적 요소를 최소화하고, 차의 본질인 자연성을 최대한 보전한 전통 순수 야생차로서 본유의 함량이 매우 높다. 따라서 차탕에 연녹색(산화·발효차류는 황적색)이나 차향이 나오지 않을 때까지 재배차보다 2배 이상 여러 번 우려낼 수 있다.

산절로 차

산절로야생다원 우전 찻잎 작설

1. 물을 펄펄 끓이지 말고 뜨겁지 않을 정도(섭씨 70도 정도)로 하여(마실 때는 40도 이하가 되게)
2. 첫째 둘째 탕은 10초~30초 사이에 따라내고, 셋째 탕부터는 탕색을 보아가며 시간을 조절한다.
3. 탕색이 너무 옅으면 다시 다관에 부어 농도를 높이고, 탕색이 너무 짙으면 맹물을 부어 희석시킨다.

백차 원료 어린 찻잎

백차

4. 잘 우려진 차탕은 색은 연녹색(산화차나 홍차는 황적색), 향은 첫 탕에서는 아늑한 김 냄새나 담담한 풀향, 둘째 탕부터는 생잎에 든 진향(청엽 알코올)이, 맛은 오미 조화의 부드러운 맛이 난다.
5. 연속 서너 번 우려낸 다음 30분 이상, 또는 한나절이나 밤새(저녁에 우려내고 아침에) 적셔 두었다가 다시 우려내면 찻잎 깊숙이 든 생찻잎의 화~ 한 향(진향, 茶神)이 나온다.

 * 차의 양은 1인분이 2~3g(마른 큰 대추알 하나 부피), 이에 대한 물의 양은 종이컵 반 컵 정도. 차탕을 따라냈을 때의 색이 너무 짙거나(연녹색이 아닌 진녹색이면) 쓴맛이 강하면 맹물을 더 타고, 색과 맛이 너무 연하다고 느껴지면 다시 차주전자에 부어 좀더 우린 뒤 따라낸다.

3

보이차 사대 · 맹종주의 퇴치,
녹차를 마셔야 하는 절대적인 이유

차의 효능과 차의 진정한 가치에 있어서 녹차와 보이차는 대척점에 있다.

나는 한국 전통차(다산 녹차)와 전통 차문화 복원 운동을 하는 입장에서, 한국 전통 녹차가 쇠망해 가는 요인 중 하나가 '커피 식민주의'와 함께 물밀듯 쳐들어오는 '보이차 상업주의'라고 생각한다. 즉 요즘 한국 기호음료 시장은 커피 식민지화, 보이차 사대주의화 되었다고 할 수 있다. 이는 국내 기호음료 시장과 대중의 기호가 커피와 보이차 상업주의의 위력에 굴복한 탓이기도 하지만. 보이차의 한국 차 시장 점령은 한국 차계와 차 학계의 무분별한 맹종적 보이차 사대주의가 앞장서 길을 터준 결과라고 생각한다.

내가 이렇게 보이차의 범람에 의한 한국 전통 녹차의 쇠망 현상을 두고 한국 차계와 차 학계의 무지와 부도덕을 책망할 수밖에 없는 이유를, 녹차와 보이차의 성분 및 차로서의 가치를 학술적으로 비교해 보는 것으로 입증해 보이고자 한다.

우선 차를 6대 차류로 구분하는 기준상 녹차와 보이차 제다 공정에서 생기는 차의 유효 성분 변화를 살펴보자. 6대 차류 구분의 가장 뚜렷한 기준은 제다 공정에서 카테킨과 테아닌 성분의 변화 정도이다. 즉 제다 공정의 카테킨 변화량(산화 유실량)이 많아짐에 따라 차 종류는 녹차 → 백차 → 황차 → 청차 → 홍차 → 흑차(보이차) 순이 된다. 이렇게 볼 때 살청(殺靑)에 의해 카테킨 산화 효소의 작동을 정지시켜 카테킨을 가장 잘 보전한 차가 녹차이다. 즉 제다에서 살청은 카테킨을 보호하기 위한 작업이다. 반면에 오랜 시간에 걸쳐 카테킨이 가장 많이 산화 유실된 차는 흑차(보이차)이다. 또 황차와 흑차는 제다 과정에 민황(悶黃)과 적퇴(積堆) 공정을 두어 미생물발효로 단백질 성분인 테아닌을 분해시킨다. 적퇴는 보이차 제다에서 발효를 인위적으로 촉진시키기 위해 1970년대에 창안된 공정이다. 따라서 보이차는 차 중에서 카테킨과 테아닌이 가장 많이 산화·발효로 변화·유실된 차여서 차 본래의 가치가 거의 없는 차라고 할 수 있다.

그렇다면 여기에서 차의 주요 성분인 카테킨과 테아닌이 가장 많이 변화되거나 유실된 보이차를 왜 마셔야 하는지를 생각해 볼 필요가 있다. 보이차 거래상이나 보이차 옹호자들은 보이차를 권하는 이유로서 주로 '독특한 (묵은) 향'과 다이어트 효과를 든다. 보이차의 '독특한 향'이란 『다신전』과 『동다송』에서 말하는 차의 4향(순향·청향·난향·진향)과 성격을 달리하는 것으로, 단순히 개인적 취향인 말초적 기호(후각)를 순간적으로 충족시켜 주는 효과 이외에는 효능을 발휘하지 않는다. 또 다이어트 효과란 차의 카테킨 성분이 발휘하는 이뇨 작용에 따른 것으로, 보이차뿐만 아니라 카테킨 성분이 살아있는 모든 종류의 차에 해당한다. 즉 카테킨 성분을 가장 많이 포함하고 있는 녹차의 다이어트 효과가 가장 좋고, 카테킨 성분의 거의 산화·유실된 보이차의 효과가 가장 적다고 할 수 있다.

나는 지금까지 페이스북과 차 전문 매체를 통해 여러 번 글로써 보이차 수입상이나 보이차 옹호자들에게 '보이차를 마셔야 하는 이유'와 '다른 차보다 뛰어난 보이차의 효능'이 무엇인지를 물어 왔으나 시원한 대답을 들은 적이 없다. "책을 보라"는 대답이 가장 많았다. 보이차를 다루는 책들이 한 해에 여러 권이 나오지만, 그 내용이 '보이차의 역사'나 유명 보이차 소개 등 반복적이고 뻔하다. 어디에도 보이차가 다른 차에 없는 성분으로 특별한 효능을 발휘한다는 설명은 없다. 보이차가 낸다는 효능은 녹차에서 훨씬 탁월하기 때문이다.

보이차의 유래를 보면 애초에 보이차는 일부러 발효차로 만들기 위해서 만든 차가 아니다. 보이차는 원래 증청(蒸靑. 증기 살청) 녹차이다. 이것을 티벳이나 몽골 등 먼 지방에 채소 대용으로 한꺼번에 많이 가져다가 두엄처럼 쌓아두고 쓰다 보니 곰팡이가 슬어, 의도하지 않게 미생물 효소에 의한 테아닌 발효가 일어나고, 오랜 기간 가수분해 등의 화학 작용에 의해 카테킨이 산화·분해돼 버렸을 것이다. 보이차의 흑갈색은 카테킨의 녹색이 테아플라빈(청차)에서 테아루비긴(홍차)을 거쳐 테아브로닌이라는 물질로 변화되면서 바뀐 것이다.

보이차를 발효 식품인 김장 김치에 비유하기도 한다. 이는 보이차 거래상이나 보이차 맹종주의자들이 "김장 김치처럼 보이차도 발효 식품이어서 좋다"고 주장하기 위해 드는 사례이다. 채소도 김장 김치 보다는 신선한 생잎을 쌈 싸 먹거나 겉절이로 먹는 것이 가장 영양분이 좋다. 어찌 보면 김장은 오래 보관하여 겨울을 나기 위한 궁여지책으로 창안되었다고 할 수 있다. 김장 김치와 보이차는 발효 공정과 목적 및 그 결과물에 있어서 차원이 다르다. 김장은 채소를 깨끗이 씻고 발효로 유실되기 쉬운 영양분을 보충하기 위해 젓갈 등 온갖 양념을 채워 넣는다. 그런 과정 없이 단지 살청된 녹차 잎을 두엄처럼 방치하여 쌓아 둠으로써 곰팡이가 슬어 카테킨을 산화시키고 테아닌을 발효시켜 버린 보이차(숙차)를 김장 김치에 비유하는 것은 비유 대상 선택 오류이다. 보이차는 삶은 배춧잎을 그대로 잔뜩 갖다가 쌓아 두어 곰팡이 슨 것에 비유될 수 있다.

흔히 '발효'와 '부패'를 혼동한다. 미생물 효소에 의해 단백질 성분 등이 분해되면서 인간의 식생활에 유리한 물질(성분)이 생성되면 발효, 유실된 물질에 비해 별로 유리하지 않은 물질이 생성되면 부패라고 한다. 앞에서 보이차를 삶은 배춧잎 오래 쌓아 둔 것에 비유했지만, 보이차를 초가지붕 볏짚 이엉(마람)이나 풀을 베어다 쌓아 둔 두엄과 비교해 보자. 오래된 초가지붕에 비가 내려서 처마에 떨어지는 물을 받아 보면 그 색깔과 냄새가 보이차와 흡사하다. 살청 공정만 없을 뿐, 볏짚 성분이 분해되는 과정이 보이차 생성 과정과 다를 게 없다. 두엄도 마찬가지다. 살청이 없어서 성분 분해(산화 또는 발효)가 더 원활히 이루어졌을 수도 있다. 이때 우리는 초가지붕과 두엄이 발효됐다고 할까, 썩었다(부패됐다)고 할까?

여기서 또 하나 간과할 수 없는 사실은, 보이차는 찻잎에만 있는 테아닌 성분이 발효 · 분해돼 유실돼 버린다는 것이다. 차가 오랜 세월 '다도'라는 심신 수양 기능의 문화 양태로 우리의 삶을 윤택하게 해 주는 도반으로서 문화적 · 역사적 생명력을 유지해온 것은 테아닌 성분 덕분이라고 할 수 있다. 보이차는 이 테아닌 성분이 가장 적은 차이니 차의 본질이나 차의 정체성 측면에서 볼 때 차다운 차라고 보기 어렵다.

인터넷상 자료에 따르면 최근 중국에서 보이차에 스는 곰팡이류 일종에서 발암 물질이 발견됐다는 연구 보고가 있었다. 단백질 성분을 태운 커피에 발암 물질이 들어 있듯이, 무리하게 테아닌 발효를 감행한 보이차(숙병)가 갖는 치명적인 지점이 아닌가 생각된다.

중국 운남성 맹해차창에서 보이차(숙차) 급
조하는 장면. 살청한 찻잎을 쌓아 물을 뿌린
다음 포대로 덮어두면 곰팡이가 슨다.

보이차에 곰팡이가 스는 장면

끝으로, 조선 말기 이유원(李裕元, 1814~1888)이 지은 『임하
필기(林下筆記)』제35권 「벽려신지(薜荔新志)」편에 아래와 같은
기록이 있다. 이 글에서 좋은 보이차는 산차(散茶)로서 용정차
와 비교되는 녹차였음을 알 수 있다.

보이차(普洱茶)는 운남성(雲南省)에서 생산된다. 몇 가지 종
류가 있으니, 목방(木邦)에서 생산되는 목방차(木邦茶)와 보
이(普洱)에서 생산되는 보이차가 그것이다. 목방차는 덩어리
를 만든 다음 보이차라는 이름을 붙여서 판매하는데, 그 지역
이 서로 가깝기 때문이다. 보이차의 진품(珍品)에는 모첨(毛
尖), 아다(芽茶), 여아(女兒) 등의 이름이 있다. 모첨은 곡우
(穀雨) 전에 따는 것이니 덩어리로 만들지 않고, 아다는 약간
자라면 따서 덩어리로 만들되 2냥(兩) 또는 4냥을 기준으로 삼

는데, 운남성 사람들이 중하게 여긴다. 여아도 아다의 종류인데 곡우 뒤에 따서 1근(觔)에서 10근까지를 한 덩어리로 만든다. 이민족의 처녀들이 차를 은화(銀貨)로 바꾸어 모아서 시집 밑천을 삼기 때문에 여아차라고 이름한 것이다. 그 나머지는 조보엽(粗普葉)이라 하는데, 모두 운남성 안의 곳곳에서 판매한다. 그리고 거친 것을 취하여 고약처럼 고아서 떡을 만드는데, 똑같은 모양으로 찍어 내어 선물용으로 준비한다. 또한 예주차(蕊珠茶)라는 것이 있는데, 열병(熱病)을 다스릴 수 있으니 항주(杭州)에서 생산되는 용정차(龍井茶)와 다르지 않다. 그러나 향이 너무 강렬하고 차성(茶性)이 또 극히 차가우며 맛이 쓴 쪽에 가까워서, 용정차의 중화(中和)한 기운이 없다. 내가 두 번째 연경에 들어갔을 때 찻가게의 사람에게 자세히 들었는데, 상품(上品)은 용정차이고, 그 다음은 덩어리를 짓지 않은 보이차이며, 또 그다음은 2냥 또는 4냥으로 덩어리를 지은 것이다. 그 밖의 1근에서 10근까지를 한 덩어리로 만든 것이나 고약처럼 고아서 만든 것들은 모두 논할 것이 못 된다고 하였다.

4

한국 녹차의 환상적 '진향眞香'은 차향의 압권

제다의 관건은 진향을 순향·청향·난향으로 구현시키는 것

　나는『새로 쓰는 조선의 차 문화』저자 정민 한양대 교수와『초의선사 차문화 연구』저자 박동춘 동아시아차문화연구소 소장 등 한국 차 담론을 주도하는 차 학자와 차인들이 '심신 건강·수양 음료'로서 정체성을 지닌 녹차를 그들의 저서를 통해 "기호음료" 반열에 놓은 것이 한국 차 가치 추락의 한 원인이라고 생각한다. 이에 대해 혹자는 대중은 기호성을 좇으므로 기호성이 떨어지는 녹차는 경쟁력이 없다고 할지 모른다. 이는 녹차의 뛰어난 기호성 및 본질적인 차로서의 정체성에 대한 이해가 부족하다는 자백이나 다름없다. 녹차가 '심신 건강·수양 음료'라는 말이나 녹차가 다른 차류보다는 '한 차원 높은 차'라는 말은 녹차가 근본적으로 월등한 기호성으로서 '환상적인 차향' 및 이른 봄날과 같은 신선한 맛을 지녔다는 말이다.

녹차의 차향이 산화 · 발효 계통 차류와 차원이 다르다는 것은 녹차의 차향은 생찻잎에 들어있는 우주 자연의 청신한 기운(茶神)이 자연 상태 그대로 발현된 것이고, 산화 · 발효차의 차향은 그런 자연의 기운이 인위적으로 변질된 것이라는 말이다. 이는 무공해 자연식품과 인위적 가공식품의 차이라고 할 수 있을 것이다. 신농 씨가 찻잎을 발견하게 된 것도 생찻잎을 씹어 먹고 그 매력적인 향에 이끌린 탓이었을 것이다.

백차(白茶)가 약산화 녹차로서 귀한 대우를 받는 이유도 생찻잎에 아무런 인위를 가하지 않은 덕분이다. 또 다도는 동양 사상의 존재론인 기론을 이론적 기반으로 하고 있고, 도가에서는 "無爲而無不爲(인위를 가하지 않고 자연법칙으로 다 이루어진다)"라고 하여 인위적 작위를 극도로 거부하므로, 인위적 조작에 의해 자연성이 망가진 보이차 따라 놓고 조주 선사 초상화 앞에서 "끽다거!"나 "다선일미 어쩌고 저쩌고… " 염불할 일은 아니다.

차 학자와 차인들이 제다, 다도, 차의 4향의 함의를 모르니

여기에서 초의 선사가 명대 장원의 『다록』을 베껴 옮기면서 책 이름을 『다신전』이라 지은 이유, 기의 고도화 단계인 '정 → 기 → 신'의 관계, 제다 및 수양 다도의 원리, 좋은 차란 어떤 차인가, 초의 선사가 『동다송』에서 말한 '다도'의 의미, 차의 4향(진향, 순향, 청향, 난향)과 제다의 문제… 등 한국의 차인과 차 학자들이 깊이 있게 이해해야 할 과제들이 파생된다.

필자가 감히 이를 한국 차인과 차 학자들이 깊이 이해해야 할 과제라고 말하는 것은, 지금까지 여느 차인들의 주장이나 차 담론 또는 차 학자들의 논문이나 저술에서도 위 항목들을 일관된 요인의 과제로 꿰어 그 의미 맥락을 규명하거나 진술한 적이 없기 때문이다. 관심조차 없었기에, 이에 관한 학구적 관점을 세워 볼 겨를이 없었을 것이라고 하는 게 적절한 지적일 것이다.

(사)한국차학회의 현실과 동떨어진 학술대회 주제, 일부 지방대 차학과 관계자들이 적잖은 공공 예산을 받아내 써 가며 차로서 가치를 잃고 일찍이 폐기된 당·송대 떡차류 '복원'에 매달리는 현상들이 근래 한국 차 학계 활동의 두드러진 모습이 아닌가. 다만 그들의 무지와 몰지각을 탓할 수만은 없는 것이, 위 과제들은 다산이나 초의처럼 사시사철 (야생) 차나무 옆에 붙어 지내면서 고민과 연구를 거듭하며 직접 제다를 하고 녹차의 속성에 따른 수양론적 다도를 실천해 본 사람이 아니면 체득할 수 없는 내용들이다.

초의가 제시한 다도의 본질

　본론으로 들어가서, 초의 선사가 책 이름을 원전(『다록』)의 이름과는 딴판으로 『다신전』이라 한 것은 『다록』에 있는 '다신(茶神)'이라는 말의 의미가 매우 중요함을 터득했기 때문이라고 생각된다. 초의처럼 생찻잎의 환상적인 향의 의미를 인지하여 제다에서 완제된 차에 그것을 보전해 담고자 부단한 노력을 기울인 사람이 아니고는 '다신'이 무엇을 뜻하는지 붙잡을 수 없다. 오늘날 『다신전』과 『동다송』의 해석 및 강의를 자신의 학문적 존립 근거로 안고 사는 이들이 『다신전』이라는 책 이름의 깊은 의미를 모르고 헛발질할 수밖에 없는 이유가 그것이다. 『동다송』의 저술 동기이면서 결론이자 핵심 주제인 "다도가 무엇인가?"에 대한 답이 제60송 주석 '평왈(評)曰…'에 들어있음을 모르고 전체의 80% 이상을 차지하는 앞부분 한문 인용구들만 죽어라 외우고 가르치는 한국 차 학계와 차계 사람들을 보면 안쓰럽기까지 하다. 그들의 착각은 『동다송』을 "한국 차를 칭송한 책"이라고 하는 데서 시작된다.

　여기서 '다신'의 정체를 논하기 전에 동양사상 기학(氣學 또는 氣論)에서 말하는 '정精 → 기氣 → 신神'의 관계와 내용을 이해하고 갈 필요가 있겠다. 동양사상의 존재론적 사유에서 우주 자연의 존재를 구성하는 질료는 '기氣'(炁, 원기)다. 기炁는 변화무상한 것으로서 자연적 조절 요인(자연계에서) 또는 인간의 수련(사람의 심신에서)에 따라 '정精 → 기氣 → 신神'의 단계로 고도화되기도 한다. 여기서 정精은 물질적인 기, 기氣는 물질과 정신 중간 단계의 기, 신神은 정신적인 기로서 일종의 입자성 파동 에너지이다. 따라서 다신은 찻잎에 담긴 자연의 입자성 파동 에너지로서 우주의 청신한 기운, 즉 자연의 생명력이라고 할 수 있다. 기의 이러한 역동성(妙)과 변화의 원리 때문에 인간이 스스로 기로 이루어진 자신의 몸과 마음의 기질을 정화 숙련하는 수양이 가능하다.

독철왈신(獨啜曰神), 녹차 마시는 다도 수양 원리 천명

초의 선사는 『동다송』에서 '독철왈신(獨啜曰神 : 혼자 마시는 것을 神이라 한다)'을 음다법의 최상으로 소개했다. 흔히들 '독철왈신'을 "혼자 마시는 차를 신비하다고 한다"라고 해석하여 얼버무리는데, 도대체 무슨 말인가? 얼버무리는 것은 그 뜻을 제대로 알지 못해서 그러는 것이다. '독철왈신'은 한마디로 녹차를 마시는 다도 수양의 원리를 천명한 것이다. 차(녹차)를 홀로 마시는 것은 우주의 청신한 기운(다신)을 심신에 이입시켜 그 다신의 파동 에너지인 신통력神通力으로써 우주 자연에 가득한 생명력으로서의 신神과 공명을 일으켜 자연합일의 경지에 이를 수 있다는 원리이다. 이는 초의가 『동다송』에서 창의적으로 제시한

'다도'의 원리 및 의미와 이어진다. 초의는『동다송』제60송 주석에서 '다도'를 "채진기묘, 조진기정, 수득기진, 포득기중"이라 했다. 이를『다신전』'다도'의 "조시정, 장시조, 포시결(만들 때 정성을 다하고, 보관에 건조를 기하고, 우릴 때 청결하게 한다)"과 비교해 볼 필요가 있다. 차이는『다신전』과 달리 목적어인 묘, 정, 진, 중에 모두 정관사에 해당하는 '기(其)' 자를 붙여 강조한 것이다. 따라서 '조진기정'의 '정'은 정성이 아니라 찻잎에 담긴 '정精' 즉 '정기精氣'를 가리킨다. 같은 이유로 '채진기묘'의 '묘'는 "묘함을 다해라"라고 막연히 해석하면 아무도 이해할 수 없으니 "생찻잎이 지닌 청신한 기운인 다신의 활활발발한 역동성(妙)이 훼손되지 않도록 찻잎 딸 때 정성을 다하라"라고 해야 한다. 예로부터 '신(神)'의 작동 원리 및 상태를 '묘妙'라고 하고 여기에 '신神' 자를 붙여 "신묘하다"고 했다. 따라서 "채진기묘 조진기정"은 "찻잎을 따고 덖을 때 찻잎이 지닌 청신한 기운의 활동성이나 정기가 훼손되지 않도록 하라"는 주문이다.

'한국 다례'는 70년대 후반 차 단체들 상품으로 급조된 것

그렇다면 왜 그렇게 해야 하는가? 이에 대한 답이 앞에 든 "독철왈신"이다. 제다 과정에서 찻잎이 지닌 우주의 청신한 기운을 완제된 차에 잘 보전해 내어야 그것을 차탕에 우려내 마셔서 그 다신의 신통 기능으로 우주 자연과 하나되는 자연합일이라는 득도의 경지에 이를 수 있기 때문이다. 차를 여럿이 왁자지껄 '대화'를 위해 마시는 '다례'가 아닌, 홀로 마시는 것이 진정한 '다도'라는 것이다. '신통神通'이라고 하면 비과학적 무속이라고 생각하기 쉽지만 여기서 말하는 신통은 선현들이 기氣적 소통에 의한 직관으로 파악해 낸 원리로서, 동아시아 사상의 자연과학이라고 할 수 있는 기학적 학술 용어이다. 여기서 짚고 넘어가야 할 것은, 요즘 일부 차 관련 단체 중심으로 차 행사장에서 시범을 보이는, 비싼 옷을 차려입고 여럿이 앉아 온갖 폼을 잡는 이른바 '다례'는 초의가 『동다송』에서 말한 "오육왈범(五六曰泛)"이나 "칠팔왈시(七八曰施)", 즉 여럿이 그저 목축이듯 나눠 마시는 것이지, '독철왈신'처럼 다신(茶神)의 의미를 알고 마시는 '다도'는 아니라는 것이다.

　한국 차 학계와 차계는 해외 차 학계로부터 "중국 다예茶藝, 한국 다례茶禮, 일본 다도茶道"라 하여 한국 차문화가 조롱당하듯 비교 평가되고 있는 데 대해 각성해야 한다. '다례'는 일찍이 무초 최차란 선생이 "모르는 사람들이 모르는 사람들을 가르친 결과 모두가 모르는 잡차(雜茶)가 되었다"고 한탄한 것처럼 수양 지향의 다도가 아닌, 아무도 그 의미를 모르고 벌이는 행다(行茶)일 뿐이다.

　초의의 '다도'는 "채진기묘 조진기정"의 제다 과정에서 "수득기진 포득기중"의 행다 과정으로 이어진다. 차탕에 다신을 잘 발현시켜 내기 위해서는 찻물을 잘 골라야 하고(수득기진), 차를 우릴 때 찻물의 양과 차의 양을 상호 과부족 없이(中) 잘 맞춰야 올바른(正) 차탕이 된다(포득기중). 여기에서 또 한국 다도 정신을 '중정(中正)'이라고 해서는 안된다는 사실을 알 수 있다. '중정'은 차를 우릴 때 차와 찻물의 양을 과부족 없이(中) 해야 정상적인(正) 차탕이 된다는 의미로서 차탕의 '상태'를 말하는 형용사이다. 중정은 원래 춘추시대 『관자』에 나오는 '중정무사(中正無私)'의 줄임말로서 봉건시대 임금의 통치 덕목(德目)을 가리키는 정치 이념이다. 『동다송』 행간에서 읽을 수 있는 한국 다도 정신은 정상적인 중정의 차탕을 만들어내는 마음 자세인 '성誠'이어야 한다는 점이 동아시아 사상의 견지에서 학술적으로 입증된다.

한국의 다도 정신 중정(中正) 아닌 성(誠)으로 바꾸어야

혹자는 『동다송』의 다도 정신을 '차삼매'라 주장한다. 그러나 『동다송』이 정조 사위 홍현주의 "다도가 무엇인가?"라는 물음에 대한 답변서임을 감안하면, 당시 숭유억불의 엄혹한 상황에서 성리학을 통치 이념으로 삼은 왕가 일족에게 초의가 불가의 이념인 '선다'나 '차삼매'니 하는 애매모호한 불교의 말을 다도 정신으로 표출했을 리 없다. 위에 말한 '성誠'은 성리학 교과서인 『중용中庸』에 나오는 성리학의 최고 이념이다. 따라서『동다송』을 짓게 된 유래나 당시 시대 상황을 고려하면『동다송』의 다도 정신은 '성誠' 이외에 있을 수 없다.

끝으로, 초의가『다신전』에 이어『동다송』에서 차의 4향으로 '진향, 순향, 청향, 난향'을 소개한 의미를 살펴보자. 차의 '4향'을 강조한 목적은 생찻잎에 '다신'의 형태로 든 청신한 기운으로서 녹차의 향(眞香)을 제다 과정에서 제대로 보전해 내라는 주문이다.『동다송』(사실은『다록』을 발췌한『만보전서』의「다경채요(茶經探要)」의 초록본『다신전』)에서 "차에는 4향四香, 즉 진향, 난향, 청향, 순향의 네 가지 향이 있는데 겉과 속이 똑같이 순수한 것을 순향純香이라 하고, 설익지도 너무 익지도 않은 것은 청향淸香이라 하며, 불기운이 고르게 든 것을 난향蘭香이라 하고, 곡우 전에 찻잎에 싱그러움이 충분한 것을 진향眞香이라 한다."고 했다.

여기서 진향은 "우전 찻잎이 갖춘 청신한 기운"으로서 곧 '다신(茶神)'이고, 제다 과정에서 솥에 들어가기 전 생찻잎 상태를 가리킨다. 이 진향이 제다 과정에서 제다인의 정성에 따라 순향, 청향, 난향으로 나타난다. 순향純香은 차탕을 여러 번 우려도 향의 성질이 별로 변화가 없는 것이니, 불기운이 찻잎 겉과 속에 같은 정도로 잘 스며들어야 한다는 의미이다. 적절한 온도의 솥 안에서 적절한 시간 두어서 얻은 결과이다, 청향은 불기운의 세기 조절을 잘 해야 한다는 말로서, 찻잎을 솥에 넣는 순간 불이 너무 세서 찻잎 표면이 코팅되어 타거나 속이 설익지는 않아야 한다는 의미이다. 난향은 마무리 과정에서 찻잎 몸통 전체에 연한 불기운을 고루 입히고 스며들게 해야 한다는 의미이다.

차의 4향은 차향의 중요성과 그것을 보전해 내는 제다에서의 '성誠'을 강조하는 말에 다름 아니다. 따라서 "차는 곧 차향"이라고 할 수 있다. 차시에 '정좌처다반향초…'라든가, '다향만리…' 등의 말이 자주 사용되는 이유도 그것이다. 차의 3요소로 색, 향, 맛을 꼽는데, 색은 제일 먼저 눈으로 감지할 수 있고, 그다음에 향이 파동 에너지로서 코에 와 닿고, 맛은 향에 지배되고 직접 입에 넣어야 알 수 있다. 그런데 녹차에 있어서 생찻잎의 진향을 잘 품고 있는 차의 탕색은 이상적인 연녹색이고 그런 차의 맛은 벌써 향으로써 규정되어 있다. 특히 향이 맛을 지배한다는 것은 향 좋고 맛이 좋지 않거나, 향이 나쁘고 맛 좋은 음료는 별로 없다는 데서 이해할 수 있다. 또 향은 '다신'으로서 신(神)이 지닌 입자성 파동 에너지 성격상 가장 현저히 감각을 자극하는 장점을 지닌다. 차향의 중요성은 좋은 차가 어떤 차인지 가리키는 지표이자, 품평에 있어서 차향에 가장 높은 배점을 해야 하는 이유이기도 하다.

5

야생차와 재배차

"야생차는 천연 산삼, 재배차는 하우스 재배 더덕"

차를 단순한 기호음료가 아닌 '심신 건강·수양 음료'로서 다도의 도반 삼아 마실 경우 원료로서는 야생 찻잎을 쓴 것으로, 제다 방식과 차 종류에 있어서는 수제·녹차를 택하는 게 최적이다. '100% 수제야생녹차'에는 차의 3대 성분인 카테킨 테아닌 카페인이 가장 잘 보전돼 들어있기 때문이다. 동아시아 사상의 철학적 관점에서 말하자면, 차가 좋은 이유는 천지 자연의 수기(秀氣)를 가장 많이 잘 품수(稟受)하고 있기 때문이다. 따라서 생잎에서부터 그런 천성(天性)이 잘 유지된 야생 찻잎을 원료로 써서, 그런 천성이 가장 효과적으로 보전되도록 하여 완제차에 담은 차란 '천성 보존의 제다 원리'를 잘 파악한 사람이 정성껏 손으로 제다한 녹차이다.

막상 '초의차' 상표로써 돈을 벌고 있는 이들이나 '초의차' 계승자임을 자처하는 사람들은 간과하고 있지만, 초의차가 좋다고 해야 할 가장 큰 요인은 "초의차가 100% 순수 야생차"였다는 사실이다. 초의가 살아있던 당시엔 화학비료나 농약이 없었고, 요즘처럼 차를 대량 재배하여 기계 생산할 필요가 없었다. 박동춘 씨에 따르면 초의 제다를 이었다는 응송 스님의 경우엔 (대흥사 주변에 차밭이 없었기에) 찻잎을 진도에서 구해 왔다고 한다. 운반해 오는 시간이 한나절 가까이 걸리면서 찻잎이 시들거나 말라버렸기에 "찻잎을 솥에 넣고 물을 뿌려 솥뚜껑을 닫았다"는 말을 하게 되었을 텐데, 박동춘 씨는 이를 초의 제다법의 특징이라고 하면서 지금도 뒷산에서 막 난 싱싱한 찻잎을 그렇게 하여 덖고 있다.

여기에서 산속에 20년 이상 곡성 산절로야생다원을 이루어 제다해 온 필자의 경험으로써 야생차와 재배차의 특성과 차이를 어린 찻잎(우전차) 기준으로 비교해 보고자 한다.

1. 찻잎의 겉모양 : 야생차는 순록색에 탱탱하다, 재배차는 누르스름한 연녹색에 쭈글쭈글하다. 이는 영양실조 탓으로 보인다(재배차 우전 찻잎은 이른 봄 비료를 주기 전 것임).

2. 찻잎의 향 : 야생차는 강한 방향(芳香), 재배차는 약한 방향과 풀 냄새에 가깝다.

3. 제다 공정의 차이 : 야생차는 덖음 제다나 증청 제다 가능. 생찻잎의 강한 방향(다신)을 보전하기 위해 강한 불기운을 쐬기보다는 섭씨 100도로 온도가 일정한 증기 살청(증청)이 적합하다. 재배차는 약한 방향을 보전하는데 약한 불기운이 필요하나 대부분의 제다 농가에서는 강한 불로 덖음으로써 방향 대신 고소한 향과 맛(불 맛)을 택한다. 주로 덖음 제다에서 "구증구포"를 주장하는 이들이 그렇게 한다.

4. 완제차의 품질 : 야생차는 탕색이 연녹색이고 향과 맛이 강해서 차탕의 연녹색이 보이지 않을 때까지 여러 번 우려낼 수 있다. 적절히 제다된 야생차 차탕에는 생잎의 방향이 남아 있다. 재배차는 강한 불기운으로 탕색이 황록색이고 함량이 야생차보다 약해서 3~4회 우려낼 수 있다. 재배차의 향은 고소한 숭늉 냄새에 가깝다.

일창이기(一槍二旗) 야생 찻잎   제주도의 재배 차밭. 비료자루들이 보인다.

6

떼루아,
산절로야생다원 기적의 녹차

『기적의 사과』(이시카와 다쿠지 지음, 2009, 김영사)라는 책이
있다. 일본 과수원에서 재배 사과를 야생 사과로 되돌려 놓은
일을 적은 것이다. 장인의 과수원을 물려받은 사람이 사과나무
들을 원래의 자연 상태로 되돌리기 위해 일체의 거름과 농약을

떼루아 기운으로 왕성한 활력과 꿈결같은 진향을 발산하는 산절로야생다원 찻잎

끊고 나무들과 생물적 교감을 하는 노력만으로써 버텨나간다. 사과나무는 점점 여위어 가고 사과 열매는 열리지 않거나 작아져 간다. 농약을 쓰지 않은 탓에 이웃 농장에 해충이 번져온다고 아우성이다. 절망 끝에 다다른 농장주는 자살하려고 밧줄을 들고 산속 깊이 들어간다. 목을 메는 순간 눈앞에 놀라운 광경이 펼쳐진다. 야생 사과나무들이 열매를 주렁주렁 달고 빛을 내며 웃고 있는 것이다. 정신을 차려 자세히 보니 그건 사과나무가 아니라 도토리나무였다. 도토리나무는 야생에서 왜 잘 되는가? 나무 아래 풀이 우거진 땅을 파보았다. 풀뿌리들이 엉겨 자연 공동체를 이룬 땅속은 풀뿌리들이 만든 미세한 공기 터널로 인해 푸석푸석 손가락이 들어갈 정도로 잘 파졌다. 죽음의 고비 무념무상 상태에서 터득한 바 있어, 과수원에 돌아온 그는 과수원의 풀조차 건드리지 않았다. 드디어 10년째부터 탁구공 크기의 사과들이 열리기 시작했다. 그런데 그 향과 맛이 예전에 볼 수 없었던 것이었다. 기적이었다. '기적의 사과'로 만든 사과잼은 소문에 꼬리를 물고 제과점들이 예약 경쟁을 벌이게 된다.

나는 2003년 전인 미답의 곡성 야산에 야생차 씨앗을 뿌린 지 얼마 뒤에 이 책을 읽고 어쩌면 이렇게 내가 가고 있는 산절로야생다원의 방향과 닮았는가 무릎을 쳤다. 차이가 있다면 기적의 사과는 기존의 재배를 야생으로 돌리는 것이고, 산절로야생다원은 애초에 차 씨앗을 야생으로 태어나게 한 '차의 귀향'이 아닌가. 이렇게 해서 '산절로야생다원 일구기(記)'는 『차의 귀향』(최성민 저, 2014, 서해문집)과 『차의 귀향, 그 후 20년』(2023년, 책과나무)으로 담게 되었다.

나는 산절로야생다원에 씨를 뿌린 지 11년째인 2014년 첫 찻잎을 따서 제다를 시작했다. 차의 향과 맛이 가히 환상적이라 할 만했다. 산절로차 맛을 본 사람들이 거의 이구동성으로 "야생차는 천연 산삼, 재배차는 하우스 재배 도라지…"라고 했다. 차를 잘 만들어서가 아니라 원료의 뛰어남이 그렇다는 의미였다. 생찻잎에서 나는 진향(眞香. 『동다송』에서 "우전 찻잎이 갖춘 싱그러운 향이라고 했다)의 강한 여운이 자연의 생명력으로서 차탕에 남아 있어서, 이를 마시면 곧 온갖 번뇌를 잊고 자연과 하나 되는 행복감에 젖어 든다. 한재 이목이 "이것이 바로 번뇌를 여읜 내 마음의 차(吾心之茶)여라…"라고 『다부』를 썼고, 옛 선현들이 차를 마시고 수많은 차시를 남긴 심정, 다산이 강진에서 호를 '다산'이라 하고 차 생활을 한 사연, 그리고 초의가 『동다송』을 지으며 '독철왈신(獨啜曰神)'을 외치게 했던 것이 바로 이 차, 순수 야생 찻잎의 차가 아닌가.

산절로야생다원 차향이 그윽하고 환상적인 이유가 밝혀졌다. 2024년 봄 직장의 보수적 꼰대 문화 분위기에 반발해 KBS 프로듀서 직을 던지고 수 년째 지구별 원 둘레를 걸어서 섭렵하고 있던 세계적 트래킹 여행가 오수진씨가 산절로야생다원 〈힐링곡성─야생차포레스트〉 제다 체험 행사에 자원봉사하러 왔다. "선배, 산절로야생다원 차는 완벽한 떼루아 향과 맛이어요…" 그가 세계 유수의 와이너리들을 빼놓지 않고 들러 내로라하는 와인의 향과 맛을 감별해 본 감각에서 한 말이었다.

유럽 포도밭의 경우 꽃다운 향(芳香)을 내는 포도와 와인을 생산하기 위하여 포도밭 둑이나 골 사이사이에 오렌지나무 등 온갖 향 좋은 꽃을 피우고 열매를 맺는 과수들을 심는다. 그 나무들의 뿌리가 땅 속 포도나무 뿌리에 향기 성분을 제공하고 또 꽃과 과일들이 포도꽃과 송이에 향기 성분을 더해 좋은 포도주 향을 내게 한다. 그 땅(토질)이 제공하는 향과 맛 기운을 불어로 떼루아(terroir)라고 한다. 즉, 포도주의 맛은 기후, 토양, 온도, 습도, 농장주의 정성 등 떼루아가 만든다는 것이다.

유럽 와이너리에 떼루아가 있다면, 산절로야생다원은 향좋은 와인을 생산하는 유럽 떼루아와 같은 토양과 환경 조건이 산이라는 자연에 의해 온갖 녹음 방초로써 스스로 이뤄진 자연 그 자체이다. 유럽 와이너리 주인들은 재배 포도밭에 야성의 향기 성분을 품는 토양 생성을 위해 그렇게 노력하는데, 산절로차에서 환상적인 꽃 향과 과일 향이 나는 것은 야생다원 차나무들과 몸을 부딪치며 이른 봄부터 피어나는 히어리, 생강나무, 춘란, 앵초, 찔레꽃, 정금나무꽃, … 등 무수한 꽃나무들의 향기 성분이 차나무와 뿌리 공생하면서 더해진 결과라고 할 수 있다.

요즘 떼루아가 자연적인 중요성 못지않게 심리치료 분야에서도 '감정 이입의 떼루아'라는 개념으로 중요하게 다뤄지고 있음을 아래의 예문으로 소개한다. 산절로야생다원 차와 같은 순수 야생차를 마셔서 얻게 되는 다도 수양의 효과(神通)를 시사(示唆)하는 대목이라고도 생각한다.

　심리학적 기법이 또한 필요한 이유가 여기에도 있는 것이다. 포도주의 맛을 결정해 주는 것을 '떼루아'라는 표현을 한다고 한다. 즉, 포도주의 맛은 기후, 토양, 온도, 습도, 정성 등 떼루아가 만든다는 것이다. 더 나은 인류의 발달에도 감정 이입의 떼루아가 절실하다.

　최근 행동 치료에 뿌리를 두고 있는 수용전념치료에서 화적 메타포의 활용과 감정 이입(empathy)을 위한 하이쿠와 시조의 활용이 연구의 화두다.

　왜 감정 이입이 연구의 화두가 되었는가? 결론부터 말하면 "감정 이입을 해야 모두가 함께 잘 살아갈 수 있으며, 인류의 미래가 여기에 달려 있기" 때문이다. 심리학자 Hans Kohut은 "사람들이 산소가 없는 대기 속에서 신체적으로 생존할 수 없는 것과 마찬가지로 자신에게 감정 이입적으로 반응하지 않는 심리적 환경에서는 심리적으로 생존할 수 없다"고 하여, 자신과 타인을 파괴로 이끄는 심리적 산소의 박탈로 비유했다. 오늘날 개인적 갈등 · 분노 · 정신장애 문제 · 대인관계 · 학교 폭력 · 성폭력 등 국제 문제까지 광범위하게 적용해 볼 필요가 있다. 또한 심리치료 분야에서는 감정 이입을 위한 수용, 거리두기(한 발 물러서서 보기), 자기자각(메타 인지) 등은 수용전념

치료에서 마음 챙김의 목표일 뿐만 아니라 치료자와 내담자 모두가 감정 이입을 함양할 필요가 있기 때문이다. "사람은 다른 사람의 모카신을 신고, 자기가 걷던 길을 걸어보아야 한다"는 인디언 속담이 있는데, 감정 이입의 필요성을 잘 말해주고 있다. Carl Rogers는 감정 이입을 심리치료의 핵심으로 보았다. 그는 진정한 감정 이입은 수용되고 이해받는다고 느끼며, 궁극적인 성장이 일어나는데 필수적이라고 했던 것이다.(〈교수신문〉 2016년 9월 26일 치 손정락 전북대 명예교수(심리학)의 글 "감정 이입의 '떼루아'가 필요하다"에서)

차에는 하늘의 기운, 자연의 마음이라고 할 수 있는 '다신(茶神)'이 들어있다. 떼루아로서 다신은 차나무 주변의 자연환경, 즉 뿌리를 통해 토양에 스며드는 잡목 잡초의 향과 맛, 공기로 접촉되는 온갖 꽃과 과일들의 향과 맛이 어우러진 것이다. 인위로써 자연을 거스리지 않으면서 정성을 다하는 제다인의 마음도 떼루아로서 차에 담긴다. '떼루아 와인'이 있듯이 순수 야생 찻잎에 인위적 요소(불기운, 찻잎의 산화 발효)를 최대한 자제하여 만든 차가 '떼루아 차'다.

떼루아 차를 마심으로써 다신의 매개 작용으로 상대와 감정 이입의 하나가 될 수 있고, 나아가 자연합일 천인일치의 득도의 경지에 이를 수 있지 않을까? 100% 순수 산절로야생다원 녹차가 그러한 차다.

7 /

좋은 차와 차 생활에 편리한 다기는
어떤 것인가?

차탁과 백자 다기(차주전자, 찻잔)

앞에서 차의 본질과 정체성은 '심신 건강 · 수양 음료'로서 '녹
차'이고, 6대 차류 중 다른 차들은 녹차를 만드는 과정에서 변칙
적으로 출현한 기호성 음료라고 했다. 이상적인 차 생활은 심신
건강 · 수양 음료인 녹차를 마심으로써 신체를 활성화하고(카테
킨의 효능) 거기에 기반하여 정신의 정화(테아닌의 효능) · 진
작(카페인의 효능)을 기하는 것이다. 그렇다면 어떤 녹차가 좋
은 녹차이며, 그런 녹차를 어떤 다기에 담아 마시는 것이 자연

의 순리에 맞는 차 생활일까?

녹차의 품평은 예로부터 차의 3대 요소인 색, 향, 맛을 기준으로 한다. 이는 녹차가 천지자연의 청신한 기운을 가장 잘 보전하고 있다는 기론적 사고에 따른 것이다. 기론에 따라 색은 기색(氣色), 향은 향기(香氣), 맛은 기미(氣味)로 불리어 왔다. 차의 색 향 맛에 천지자연의 기가 들어있다는 견해이다. 따라서 녹차의 색 향 맛이 얼마나 우주 자연의 기운을 잘 담아 살리고 있는지를 살피는 것이 좋은 녹차 고르는 방법이다.

위의 기준에 따라 좋은 녹차를 고르자면 탕색이 연녹색을 띠고, 향은 생찻잎의 허브틱하고 상큼한 방향(芳香)이며, 맛은 오미(단맛, 쓴맛, 짠맛, 신맛, 감칠맛 또는 매운맛)가 조화되어 어느 특정의 맛이 두드러지지 않아야 한다. 그런데 차탕이 자연스러운 연녹색이면 향과 맛에 있어서도 거의 좋은 차에 가깝다고 할 수 있다.

다기는 녹차의 연녹색 탕색을 있는 그대로 비추어 주는 백자 다기를 택해야 한다. 『다경』 제4항 '찻그릇'에서 월주요 청자 다기를 선호한 이유가 '쉰(갈변된) 녹차'인 떡차의 황(홍)갈색 탕색을 어느 정도 녹색에 가깝게 보여주기 때문이라고 한 사실을 기억할 필요가 있다. 즉 당나라 때도 녹차 제다와 녹차 음다가 우선이었기에 건조 보관 도중 산화돼버린 떡차 형태의 녹차를 탕색이라도 녹차색에 가깝게 하여 마시고자 했던 것이다. 그러던 것이 녹차 탕색이 변하지 않는 산차(散茶)로서 덖음 녹차가 나온 명대 이후

엔 다기 사용 또한 백자 다기로 바뀌게 되었다는 사실을 눈여겨 보아야 한다. 당대의 떡차와 청자 문화가 고려 시대 떡차와 청자 문화로, 명대의 잎녹차와 백자 다기 사용이 조선 시대 증배(다산) 녹차 및 덖음 녹차(초의)와 백자 다기 문화로 이땅에 이전된 것이다. 그러니 누구처럼 초의차 계승자임을 자처하며 한국 차 담론에 감초처럼 등장하는 차 학자로서 요즘 '고려 단차' 및 "청자 다기 복원"을 소리높여 부르짖고 있는 모습이 얼마나 황당한가.

다기의 기능에 대해 말해 보자. 다기는 차를 우리고 담아 따라내어 마시는 일을 돕는 그릇이므로 기능 또한 중요하다. 흔히 다기의 기능과 관련하여 '삼평 · 삼수'를 말한다. 삼평은 다관(차주전자)을 엎어 놓았을 때 손잡이와 주둥이와 물대가 수평을 이루어야 함을 일컫는다. 그래야 삼수(出水 切水 禁水)의 무난함이 이루어진다.

출수(出水)는 차(탕)를 따를 때 목표 지점인 다완이나 찻잔에 포물선을 그리며 한 줄기로 시원하게 정확히 떨어지는 것을 말하고, 절수(切水)란 차 따르기를 멈추었을 때 찻주전자 물꼭지(물대)에서 찻물 방울이 몸통을 따라 흘러내리지 않고 똑 끊어져야 한다는 것이고, 금수(禁水)란 차주전자 뚜껑의 공기구멍을 막았을 때 차(물)가 뚜껑 밖이나 물 꼭지(출구)로 한 방울도 흘러 내리지 않아야 한다는 것이다. 그러므로 차 손잡이의 위치와 공기 구멍의 위치 조화도 중요하다.

찻잔에 대해서 말하자면, 찻주전자와 세트를 이루는 백자 다기로서 차향을 흩뜨리지 않고 잘 담아 보전시켜주는 기능이 중요하다. 또 차를 찻잔에 가득 따르지 않고 반 내지 1/3쯤 담고 그 위 빈 공간을 막 피어오르는 차향을 담는 곳으로 삼아야 한다. 차를 마실 때는 거기에 고인 차향부터 음미해야 하기 때문이다. 따라서 찻잔의 크기는 위에 반쯤 빈 공간을 둘 것을 고려하여 어른 주먹 한 큼은 되어야 좋고, 모양은 차향이 밖으로 흐트러져 발산되지 않도록 길고 옴팍한 동이 모양이 좋겠다. 그밖에 '완물상지(玩物喪志)'라 한 것처럼 일본 다도를 흉내 내어 너무 찻잔 모양이나 장식 등에 신경을 쓰는 것은 옳은 차 생활이나 수양 다도가 아니다.

요즘 차를 세수대야 같은 그릇에 더운물로 담가 두고 엎드려 수건 둘러쓰고 김을 쐬면서 하는 '차훈 명상'이라는 게 상품으로 퍼지고 있다. 기론(氣論)의 견지에서 볼 때, 그 고생 않고 백자 찻잔 위에 고인 연록 탕색의 좋은 녹차 향을 코로 들이마시고 입으로 그 차탕을 직접 마시는 것이 더 차 명상 또는 다도 수양 개념에 부합할 것이다.

요즘 상품화로 유행 중인 차 명상류도 그렇지만, 여기에서 차의 본질과 좋은 녹차 이야기를 하는 김에 반면교사로 삼을 일 하나를 볼까 한다. 2024년 7월경 전남 무안문화원이 주최·주관하여 진행한 '24년 국가무형유산 공동체 종목 지역 연계 지원사업' 교육 프로그램에 '초의 발효차' 강의가 있었다. 요즘 한국에서 발효차라고 하면 대부분 카테킨 산화차를 오인하여 말하는 것이고, 발효차나 산화차라는 것은 애초에 녹차를 만드는 과정에서 변칙적으로 출현한 기호성 '아류차' 수준이었음을 중국 제다사에서 알 수 있다. 특히 발효차라는 것은 주로 중국 보이숙차를 일컫는 것으로, 이는 녹차를 티베트나 몽골 등 먼 지역에서 오랫동안 조잡하게 운반 보관하는 과정에서 의도하지 않게 곰팡이가 슬어 생긴 것이다. 보이차를 흔히 발효 식품인 김장 김치에 비유하는데 적절하지 않다. 김장 김치는 의도적으로 긴 겨울 보관을 위해 깨끗이 씻고 온갖 양념을 가해 발효로 유실되기 쉬운 영양분을 최대한 보완한 것이다. 어찌 생찻잎을 대충 쪄서 헛간에 두엄처럼 쌓아두어 썩히다시피 한 보이차와 같겠는가.

무안문화원 '초의 발효차' 강의는 "초의차에 대한 고찰과 제다를 통해 초의차가 발효차라는 사실을 공유하고 현대적 산업화 방안을 마련하는 데…"목적이 있다고 했다. 이는 차학 및 제다사를 공부하는 입장에서 볼 때 소가 웃다가 기절할 일이다. 초의가 쓴 『다신전』과 『동다송』 어디를 눈 씻고 보거나 다른 옛 차 문헌들을 눈이 닳도록 고찰해도 초의차가 덖음 녹차이지 발효차라는 대목은 없다. 또 그것을 현대적으로 산업화한다는데, 지역 차 산지에 기생하는 '사이비 차 학자'들이 사실 왜곡 또는 허구 조작 등 수단과 방법을 가리지 않고 정부와 지자체의 차 관련 사업 예산을 빼내려는 수작의 기미가 보인다.

8

차와 명상

　최근 서구식 명상(meditation) 또는 '멍 때리기'라는 것이 유행이다. 그 명상 기법 대부분은 불교의 사마타–비빠사나 또는 사념처 명상법이 서양으로 건너가 서양식 '명상 치유'의 개념으로 변조되어 역수입된 것이다. 따라서 동아시아 사상(유·불·도가 사상) 원리에 기반하여 '깨달음'을 추구하는 동양적 명상과 심리학 이론에 기반하여 스트레스 해소와 심리적 병증 치유를 통한 힐링을 목적으로 하는 서양의 명상법은 취지와 목적이 근본적으로 다르다고 할 수 있다.

　신토불이 개념에 걸맞는 동아시아 사상 본연의 명상법은 무엇일까? 동아시아 사상에서 말하는 명상 및 그것에서 발전된 명상 수양법이 부분적으로 들어 있는 '다도'의 개념을 '차와 명상'이라는 이름으로 생각해 본다.

명상이란

불가 사상의 마음구조

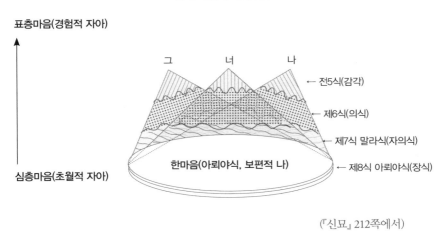

표층마음(경험적 자아)

그　　너　　나

← 전5식(감각)

← 제6식(의식)

← 제7식 말라식(자의식)

한마음(아뢰야식, 보편적 나)

← 제8식 아뢰야식(장식)

심층마음(초월적 자아)

（『신묘』 212쪽에서）

『명상의 철학적 기초』(한자경 지음, 이화여대 출판부)에 명상의 정의가 잘 나와 있다. 간추리자면 "명상이란 일상의 분별적 의식이 포착하지 못하는 부분을 육안이 아닌 심안(心眼)으로 깨닫고자 하는 것"이다. "일상의 의식에 가려져 있는 마음의 심층으로 내려가 표층 의식적 분별이 덜어진 빈 마음으로 내가 타인, 동식물 그리고 자연 전체 및 우주 전체와 하나라는 것, 천지만물이 나 아닌 것이 없다는 것을 깨닫는 것이 명상의 궁극 지향점"이다.

명상의 원조는 부처님이다. 따라서 명상의 종교적 정체성은 불교적 불성 체득이라고 할 수 있다. 부처님이 보리수 아래서 오랜 명상 끝에 다다른 '연기(緣起)'(空) 라는 진리 체득이 곧 '득도'이고 명상의 완료이다. 또 부처님의 명상법을 더 치밀하게 기법화하고 발전시켜서 마음의 심층 구조와 심연을 들여다보도록 한 방법이 요가이다. 동아시아 사상 유·도가에서는 공·맹이나 노·장이 명상을 통해 득도했다는 설명은 없다.

불교의 명상을 더 알아보자. 불교가 초기(初期) 불교→부파(部派) 불교(아비달마불교)→중관(中觀) 불교→유가(요가)행유식(瑜伽行唯識) 불교로 발전되는 과정에서 명상의 내용과 실천이 심화·완성되었다. 즉 아비달마 논사들이 전성하던 시대의 한 켠에서 윤회와 해탈의 진리를 고요히 사색하던 사람들이 있었다. 이들을 『대비바사론(大毘婆沙論)』에서는 유가사(瑜伽師)라 부른다. 유가(瑜伽)라는 말은 한역불전(漢譯佛典)의 번역 관례상 정확히 요가(yoga)의 음사(音寫)이며 여기에 수행(修行) 실천을 의미하는 cara를 더하여 '요가의 실천' '요가의 수행'이라는 표현이 된다. 요가란 함께 묶는다, 단단히 붙잡아 둔다를 의미하는 'yuj'라는 산스크리트어의 어근에서 파생된 단어로서 신심(身心)의 결합, 정신을 집중·통일하는 수행법의 일반 명칭이다. 더 자세히 말하면 유가행(瑜伽行)이란 한역불전의 역례(譯例)가 갖는 특징에 따라 두 가지로 생각해 볼 수 있을 것이다.

① 문자 그대로 일반적 용례에 따라 유가의 실천, 선정(禪定), 정적수행(靜寂修行)
② 산스크리트어 특질에 따라 소유 복합어적 용법으로 해석하여 유가의 실천자라는 의미로서 수행자, 여실행자(如實行者),

유가행이라는 명칭은 요가(yoga)의 수행을 중시하는 인도 사상계에서는 공통된 것이지만, 특히 유식 불교에서는 아비달마논사들과 달리 요가의 실수(實修)에 전념한다는 의미에서 유가사(瑜伽師)라는 개성적인 명칭이 따르게 된 것이다. 이와 같이 요가의 수행을 중시했던 유가사들은 자신들의 체험을 바탕으로 체계적인 유식사상(唯識思想)을 심화·발전시켰던 것이다. 인간 존재의 각성과 혼미의 기초로서 내면의 탐구에 몰두했던 유가사들은 당연히 깊은 요가 체험이 필요했던 것이다. 그것은 붓다 이래의 불교 교단의 전통이며, 특히 선불교(禪佛敎) 수행의 원류로서 맥락이 이어지고 있다.(일지一指 저, 『중관불교와 유식불교』, 도서출판 세계사, 1992, 202-203쪽).

그렇다면 요가란 무엇인가? 내용상으로 그것은 신(信)·욕(欲)·정진(精進)·방편(方便) 의 네 가지이다. 여기서의 방편은 다시 네 가지로 내용을 하고 있으며, 그 최후로 사마타·비파사나를 실행법으로 한다(위 책 183쪽). 요가로서 찾아낸(깨달은) 존재의 궁극적 근원, 즉 육안이 아닌 심안(心眼)으로 찾아낸 심층 심리가 '아뢰야식'이다.

서양에서는 철학과 종교를 분리한다. 서양 철학은 이성의 영역이고, 이성과 자연 과학으로 구명해 낼 수 없는 궁극적 자연의 섭리는 아직은 신과 종교의 영역이다. 서양에서는 앎과 믿음을 구분하고, 인간의 앎에 근본적 한계를 설정해 놓았다. 서양 종교에서 '믿음'은 알지 못하기에 믿는 것이다. 궁극적인 자연의 섭리에 가 닿는 일은 신을 만나는 종교의 영역이고 무조건 믿는 것으로 이루어진다. 수양이나 명상의 영역이 아니라는 말이다.

철학과 종교가 분리되어 있지 않은 동아시아 사상에서는 인간의 앎에 절대적 한계를 설정하지 않는다. 동양 사상에서 믿음은 모르기에 믿는 것이 아니라, 알게 되리라는 것을 믿는다. 동양 사상에서는 서양의 '철학 대 종교'라는 구도와 달리 철학과 종교를 구분하지 않는다. 동아시아 사상의 불가 사상과 불교, 유가 사상과 유교, 도가 사상과 도교는 서로 별개의 것이 아니다. 인간의 앎에 절대적 한계를 설정하지 않는 동양 사상에서는 궁극의 진리와 신성(神性)을 개체의 내면 깊이에서 찾아내야 할 보석으로 여긴다. 일상적 차원에서는 인간의 인식 한계 바깥에 놓여 있다고 생각되는 것, 궁극적인 것, 인생의 비밀과 우주의 신비… 그것을 깨달을 수 있다고 본다. 그래서 일상적인 인식의 한계 바깥으로 나가 예전에는 도저히 알 수 없을 것 같았던 그런 지혜를 몸소 얻고자 노력한다. 그것이 깨달음인 각(覺)이고 득도이고 체인(體認)이다(위책 281쪽).

그 '깨달음'에 이르는 과정과 방법이 수양이고 수양의 방법 중 하나가 명상이다. 따라서 동아시아 사상에서 명상 또는 수양의 목적은 붓다, 노·장, 공·맹과 같은 깨달은 자, 즉 신선이나 성인과 같이 되는 것이다. 서양 종교에서처럼 범접할 수 없는 인격신을 영성 속에서 만나는 일이 아니다. 동양의 명상 수양은 심리적 병증 치료 목적으로 하는 서양 명상법이나 '원죄'로부터의 '구원'을 목적으로 하는 종교적 기도와는 다르다.

여기에, 최근 명상이 '메디테인먼트'라는 이름으로써 특정한 목적으로 전개되고 있음을 비판하는 글을 소개한다.

0승은 0례 천막안거 때 묵언, 한 끼 공양, 옷 한 벌만 허용, 삭발 및 목욕 금지, 외부인 접촉 금지 등의 청규를 만들었다. 교계신문과 방송은 매일 ○○선원 소식을 전했고 안거를 마친 뒤 〈○○스님〉이라는 영화가 만들어졌다. 영화 〈○○스님〉에서 밥 먹는 것, 옷 꿰매는 것, 좌선하는 것, 다양한 각도에서 카메라 촬영이 이루어졌다. 외부인 접촉 금지라는 청규를 지키지 않은 수행 쇼를 하고 있었던 것이다.

천막 밖에서는 "스님 힘내세요"라고 외치는 신도들이 매일 방문하게 하였고 이들은 천막을 향해 징과 북을 치고, 유행가, 찬불가, 판소리, 주력기도 등을 하였다. 이러한 광경을 ○○방송국은 생중계하였다. 이러한 특이한 안거를 학자들은 '명상(Meditation)과 엔터테인먼트(Entertainment)가 결합한 '메디

테인먼트(Meditainment)'라는 새로운 수행법이라고 '칭송'하였다.(〈오마이뉴스〉 2023년 12월 14일치, 허정스님 기고 'ㅇㅇ종에서 벌어진 충격적인 일들⋯ ㅇ승 성인 만들기 멈춰야'에서)

　최근의 명상 트렌드와 더불어 눈에 띄는 명상 장면이 또 있다. 2024년 9월 28일 오후 광화문 광장에 35,000명의 군중이 운집한 가운데 국제선명상대회가 열렸다. 인기 가수들의 쇼가 곁들여진 이 자리에서 '국민 정신 건강을 위해 개발한 5분 명상'이 공개됐다. 같은 시각 바로 옆 숭례문 앞에서는 6,000명의 국민들이 모여 '윤석열 정권 퇴진 시국 대회'를 열고 있었다. 두 대회 모두 '국민정신 건강'과 관련된 대회라는 공통점이 있다. 광화문 대회

영화 〈ㅇㅇ스님〉 한 장면

는 예컨대 국민정신 건강을 위해 '5분간의 멍 때리기' 명상을 통해 번뇌를 없애자는 것일 터이고, 숭례문 대회는 70% 안팎의 국민이 윤석열 정권으로 인해 심한 스트레스를 겪고 있는 현 상황을 반영하는 것이라고 할 수 있다. 광화문 대회 명상의 요지가 멍 때리기로 번뇌를 끊음으로써 정신 건강을 유지하자는 것이라 할지라도 숭례문 대회의 국민들이 받는 정신적 스트레스를 5분 멍 때리기로써 극복하자, 즉 명상을 통해 정권의 잘못에 대한 비판적 사고 자체를 잊자는 건 아닐 것이다. 지금 많은 국민이 심한 정신적 스트레스로 고통받고 있다면 그 고통의 원인을 제거하는 길이 정치적 무관심일까, 정권 타도일까? "윤석열 정권 퇴진!" 함성이 귀청을 찢는 옆에서 5분 멍때리기 명상은 무슨 번

2024년 9월 28일 숭례문앞 윤정권퇴진시국대회.

같은 날 같은 시각
광화문 국제선명상대회

뇌를, 왜, 무슨 비결로 물리치자는 것일까? 뇌 과학적으로 명상은 외부 자극에 반응하는 뇌파인 β파를 명상파인 α파로 진정시키는 일이다. 한낮 뙤약볕 도심 속 소음 시멘트 밀림 속에서 벌이는 광화문 글로벌 명상 쇼는 어떤 효과가 있었을까?

성리학 및 도가 사상의 마음구조

다도(한국 수양 다도)는 차를 만들고, 차탕을 우리고, 차를 마시는 과정에서 우주 자연의 섭리를 터득하여 우주 자연과 하나되는 일이다. 선현들이 남긴 차시는 차를 마신 뒤 이르게 된 자

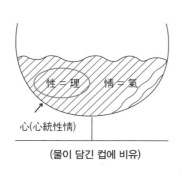

(물이 담긴 컵에 비유)

성리학(性理學) 심성론(心性論)의 마음구조

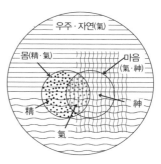

도가(道家) 사상의 우주자연 · 심신의 관계

연합일, 천인일치의 경지를 읊은 것들이 많다. 초의가 『동다송』에서 말한 '다도'(채진기묘→조진기정→수득기진→포득기중)나 한재 이목이 『다부』에서 말한 "신동기입묘 시역오심지차"는 차를

만들고 우려내는 과정에서 터득하게 되는 자연의 섭리(誠) (초의의 '과정의 다도'에서) 및 차를 마셔서 이르게 된 득도의 경지(한재의 '경지의 다도'에서)를 일러주고 있다. 여기에 방법론으로서 작동하는 것이 차와 명상이다. 즉 차를 만들고 차탕을 우려내고 마시면서 동시에 깊은 명상(집중 명상과 통찰 명상, 즉 '마음 챙김'의 주시와 자연 섭리 터득의 '알아차림')을 하게 되면서 이루어지는 득도까지의 총체적 과정이 한국 수양 다도이다.

그렇다면 왜 하필 차인가?

차에는 주요 3대 성분으로서 카테킨, 테아닌, 카페인이 들어 있다. 카테킨은 항산화 작용으로 신체의 활성을 북돋아 건전한 정신 활동의 기반이(건강한 신체에 건강한 정신) 되게 한다. 테아닌은 뇌파를 외부 자극파인 베타파에서 명상파인 알파파 내지 수면파인 세타파와 무의식파인 델타파로 진정시켜 준다. 또 카페인은 마음 상태가 온갖 잡념이 사라진 무의식에 가까운 상태(세타θ파, 델타δ파)에서도 정신이 성성하게 깨어서 자연의 섭리(진리)를 깨닫게 해 준다. 즉 개인의 자력적 노력으로 자연의 섭리를 찾아가는 명상이 자연의 진리를 '다신'이라는 이름으로 응축시켜 담은 차라는 자연물과 더불어 지름길로 그 목적지를 찾아가는 것이다. 차의 3대 성분이 어우러져서 명상을 통해 이루어내는 이런 지경, 즉 "일상의 의식에 가려져 있는 마음의 심층으로 내려가 표층 의식적 분별이 덜어진 빈 마음으로 내가 타인, 동식물 그리고 자연 전체 및 우주 전체와 하나라는 것, 천지

만물이 나 아닌 것이 없다는 것을 깨닫게 됨"을 불가에서는 적적
성성(寂寂惺惺), 유가에서는 허령불매(虛靈不昧), 도가에서는
허실생백(虛室生白)이라고 한다.

　덧붙이자면, 찻일과 더불어 하는 명상, 즉 '한국 수양 다도'에
는 '녹차'(보이차나 산화 발효차가 아닌)라는 자연물이 도반(道伴)
으로서 함께 하는 것 외에 다른 부수적 도구나 다른 명상 상품에
서 볼 수 있는 규격화된 형식이 주도적으로 관여하는 일은 없다.
수양이나 명상은 어디까지나 자력으로 하는 인간의 개체적 정신
적 노력이기 때문이다. 여타의 차 명상류가 일정한 형식(또는 집
단화)과 방식 또는 도구를 필요로 하는 것은 상품 브랜드화 목적
상 생긴 현상이다. 그런 차 명상류에서 차는 도반이 아니라 차 본
연의 정체성이나 본질이 무시된 보조적 수단으로 이용될 뿐이다.

9

차 명상, MTM, 차훈 명상, 차오름 명상, 한국 수양 다도

최근 명상 트렌드를 타고 차와 관련한 명상도 상품화 및 브랜드화되고 있다. 차 명상, MTM(Mindful Tea Meditation), 차훈 명상(茶薰瞑想) 등이 그것이다. 최근엔 '차훈 명상'을 표절했다는 논란을 일으키며 '차오름 명상'이라는 것도 등장하고 있다. 이런 추세를 반영해서인지 동국대 불교대학원 차문화콘텐츠학과는 차 명상 특강, 차와 선 특강, 차 명상 콘텐츠 특강, 차 명상 상담과 심리치료 특강, 차 명상 프로그램 연구 등 차 명상 관련 과목들을 대폭 도입하여 앞세우고 있다.

차는 원래 '다도'라는 특유의 뛰어난 명상 양식을 차문화의 핵심으로 안고 있다. 요즘 새로이 유행하는 차 명상류들이 어떤 특성을 지니고 기존의 다도 수양 또는 '한국 수양 다도'와 어떻게 다른지, 현대인의 차 생활에 얼마나 도움이 될지, 각각의 내용을 살펴보는 것으로 가늠해 보자.

차 명상은 『차 명상학 입문서』(지운·선업 공저)에서 대략을 알 수 있다. 이 책에서 "차 명상은 차를 매개로 하는 명상으로서 다선(茶禪)의 다른 이름"이라고 했다. 다선은 차가 보조적인 역할을 하므로 다법을 중요시하지 않는다. 차 명상에서 차는 명상을 위한 도구일 뿐이므로 그 종류는 중요하지 않다(『차명상학 입문서』15쪽).

위 책에서 차 명상은 차를 기호음료로 간주하고, 좋아하는 기호음료를 마시는 동안 명상을 하는 것이라고 정의한다. 즉 차의 '심신 건강·수양 음료'로서의 본질을 고려한 측면은 없다. 따라서 꼭 차가 아니더라도 기호음료를 마시면서 하는 명상이면 된다고 생각하는 것 같다. 다법(차를 만들고 우리고 마시는 과정상의 방법)을 중요시 하지 않는다는 점에서 한국 수양 다도와 다르고, 차의 본질적 기능을 경시한다는 점에서 '일본 다도'의 개념과 유사하다.

MTM에 관해서는 『마음챙김 차명상 MTM』(김배호 지음)이라는 책에서 그 내용을 살펴볼 수 있다. MTM은 '마음챙김 차명상'이라는 이름으로 기존의 차 명상과 차별화하고 있다. MTM에 관한 설명을 위 책에서 간추리면 아래와 같다.

MTM이 일반 차 명상과 다른 점은 마인드풀(Mindful)에 있다. 기존의 차 명상이 몸과 마음의 이완을 통해 심신의 안정과 예절, 건강 증진에 중점을 둔다면, MTM은 매 순간 마음 챙김(주시)을 통해 알아차림 하는 과정에 중점을 둔다. 이때 주시의 대상은 차를 준비하고 우려 마실 때의 차의 모양, 색깔, 냄새, 소리, 맛, 감촉 등 다양한 특성이다. 차를 우리고 마시는 과정에서 차의 이런 다양한 특성을 눈, 귀, 코, 혀, 몸, 생각이라는 여섯 가지 감각으로 느낌으로써 정신을 이완하고 집중하여 현상을 '지금 있는 그대로 보는' 효과를 얻는다. 더 연장하여 설명하자면 차의 명상적 기능을 이용하여 잡념을 지우고 고뇌 없는 나의 참모습을 찾는 것으로써 일상의 행복을 삼자는 것이다.

MTM은 차를 마시는 행위에 초점을 맞추는 것이 아니라 차를 마시며 느끼는 감각과 마음을 알아차리는 데에 초점을 둔다. MTM은 지금 여기에 머무르면서 내 마음을 쉬게 하는 치유의 효과를 목적으로 한다. 영적 깨달음을 추구하는 정통 명상과 달리 MTM은 일상생활의 행복을 추구하는 새로운 개념의 명상이다. MTM의 가장 큰 선물은 일상생활에서 행복해지는 법을 찾아가는 것이다.

MTM에서는 녹차가 아니더라도 허브차, 꽃차, 전통차, 커피등 내가 원하는 어떤 차라도 마시면서 이완과 집중이라는 선물을 얻을 수 있다. 즉 MTM에서도 차를 성분과 효능이라는 본질적 측면에서가 아니라 단지 하나의 소품으로 이용하는 것이라

할 수 있다. MTM은 자연합일을 지향하는 본격적인 의미의 명상이 아닌, 단지 일상에서 일시적 마음 치유(힐링) 효과를 얻고자 하는 서양(미국)의 마인드풀 명상기법에 '차'라는 이름을 덧붙여 놓은 것에 불과하다고 할 수 있다.

차훈 명상은 『차훈명상』의 저자 이경희 씨가 경남 함양군 마천면 지리산 백령치 길목에 한옥 본부를 두고 '차훈 명상 지도자' 과정 교육을 통해 '지역 운영자'를 양성해 냄으로써 상품화되어 확산되고 있다. 최근에 이경희 총원본부장이 페북에 올린 글을 보면 함양 총원본부에서 차훈 명상을 배워나간 한 비구니가 '차오름 명상'이라는 이름으로 세력을 넓혀가고 있다. 그만큼 차 명상 상품화가 가열되어 가고 있음을 말해주는 사례라고 하겠다.

『차훈명상』 내용을 간추리자면, 차훈 명상법은 정암이라는 이가 다선일여의 다도 정신과 도인 호흡의 양생 수련법을 융합하여 심신을 양생하는 건강법으로 창안한 것이다. 차훈 명상은 기초단계인 동정(動靜)을 융화시키며 음양(陰陽)을 조화롭게 하는 차훈득기, 도인호흡, 선녀보기, 정좌명상, 환귀원처의 다섯 가지 수련을 통해서 건강한 몸과 맑은 정신 유지를 목표로 한다.

차훈 명상은 중국 '기공(氣孔)'을 본뜬 것으로 보인다. 기공은 우주 자연의 청신한 활력 에너지인 천기(天氣)를 흡입하여 몸 안의 활력소로 활용하고자 하는 기법으로서 도교의 포교 수단으로 상품화된 테크닉이다. 차훈 명상은 얼굴을 담을 수 있는 큰 대야에 더운 물을 부어 차를 우리고, 그 위에 고개를 숙이고 큰 두

건을 둘러쓰고 그 김을 쐬고 들이마시면서 심신의 건강을 북돋운다는 방법이다. 상품화에는 교육과 실기에 일정한 상품적 구조와 차별적인 형식을 필요로 하는데, 차훈 명상에는 그런 양식이 갖춰져 있다.

그러나 차훈 명상에서도 역시 차의 성분과 효능 등 차의 본질적인 면을 중시하여 어떤 차를 써야 된다는 인식은 보이지 않는다. 찻일(채다-제다-포다-음다)을 통해 우주 자연의 기운화(氣運化)에 참여하게 되는 틈새도 보이지 않는다. 즉 차훈 명상은 '차훈'이라는 기적(氣的) 소재를 사용하고 있지만, 동아시아 사상 본체론인 기론(氣論)의 기반 위에서 차와 명상 수련의 효과적인 관계를 분석하여 면밀하게 연계시킨 측면은 보이지 않는다. 차 명상과 MTM 그리고 차훈 명상에서의 이와 같은 차 인식은 한국 수양 다도가 차의 성분과 효능을 인지하여 차의 3대 성분이 가장 잘 보전된 녹차만을 명상 수양의 도반으로서 함께 하는 것과 큰 차이가 있다.

최근 차훈 명상 쪽과 상표권 논쟁을 일으키고 있는 '차오름 명상'에서는 손에 쥘 만한 크기의 물컵에 차를 따라놓고 옮겨 가면서 눈, 귀, 코에 번갈아 대는 모습을 볼 수 있다. 차의 김을 오감으로 쐬고 들이마시면 오장육부가 좋아지고, 특히 눈, 귀, 코… 등 아픈 부위에 차김을 쐬면 좋아진다고 주장한다. 그 원리에 대해서는 역시 명확한 설명이 없다. 그냥 시키는 대로 정해진 대로 기계적으로 따라 하면 된다는 식이다.

참다운 차 생활 목적의 차 명상류를 찾고자 한다면 차 명상의 상품화 여부와 정도에 유의해야 한다고 생각한다. 상품화에는 진정성이 결여되고 판매를 위한 과장과 거짓이 섞였을 여지가 많기 때문이다. 예전 수양의 한 방법으로 명상을 했던(또는 했을) 유·불·도가의 선현들(공·맹, 붓다, 노·장)의 명상 수양(정좌 좌선 좌망) 관련 설명에서는 원리와 목적을 알 수 있지만 구체적인 방법론은 전해진 바 없다. 명상 수양이란 지극히 개인적 차원의 일이고 자연합일이 목적이어서 자력으로, 자연의 원리에 따라, 자연스러운 방법으로 하는 것이어야 하고, 자연스러운 방법이란 개인의 자연적인 환경과 처지, 체력 등 심신 건강 상태에 따라 다를 수 있기 때문이다. 즉 수양이나 명상의 구체적인 방법 개발이나 선택 그 자체도 개인적 측면의 수양에 속하는 일이라고 할 수 있다.

이런 맥락에서 '한국 수양 다도'는 선현들의 가르침에 부합하는 전통적인 차 명상 수양론이라고 할 수 있다. 그 내용은 초의 다도의 '채진기묘 → 조진기정 → 수득기진 → 포득기중'(과정의 다도)과 한재의 다도 '신동기입묘 시역오심지차'(경지의 다도)가 합쳐진 것으로, '찻잎을 따서 차를 만들고 좋은 물을 골라 다신이 잘 발현되는 차탕을 만드는'(초의의 과정의 다도) 과정에서 경(敬)(주시와 집중, 마음챙김)과 성(誠)(자연의 섭리를 알아차림)을 체득하고, 그 차탕을 마셔서 이입된 다신을 매개로 우주 자연의 존재와 운영 원리인 성(誠)을 다시 체인(알아차림) 하는 것이다. 이 과정에서 다른 명상에서처럼 형식화된 방법은 없고 각자의 처지와 마음에 따라 자유로운 방법을 취하면 된다. 다만 제다(채진기묘→조진기정)는 어느 때나 할 수 있는 일은 아니므로, 일상적으로는 수득기진(좋은 차와 찻물 고르기)에서부터 시작하면 된다.

10

차는 홀로 마셔야 최고(獨啜曰神)!

여럿이 마시는 차는 "번잡하게 그저 한 잔씩 부어 주는 것"
(七八曰施. 以客少爲貴, 客衆則喧)

흔히 "차 한 잔 하자"고 하고서 다방이나 카페를 찾는다. 이때 '차'란 만남이나 대화의 서먹함을 부드럽게 해 줄 음료로서 서양 음료 커피나 오미자즙과 같은 이른바 '대용차'류 등 단순한 기호 음료를 말한다. 그런데 '다도'라는 개념과 더불어 선사 시대 이래의 차문화 역사를 자랑하는 차, 차다운 차, 차의 본질은 이런 서양 음료나 '전통차'라는 이름으로 과포장된 갖가지 탕류, 즙류 등 이른바 '대용차'와는 그 마시는 목적이나 효능, 문화·역사적 역할의 차원이 다르다. 선인들이 남긴 '차 마시는 법도(飮茶之法)'나 차를 마신 운치를 표현한 글귀를 보면 어떤 차를 어떻게 마셔야 하는지를 알려주는 진정한 차 생활, 바른 차 생활의 지표가 들어있다.

초의가 명나라 장원의 『다록』을 필사하여 엮은 『다신전』 및 같은 대목을 인용한 『동다송』에 '음다지법(飲茶之法)'이 있다.

飲茶之法: (以客少爲貴) 客衆則喧 喧則雅趣乏矣 獨啜曰神 二客曰勝 三四曰趣 伍六曰泛 七八曰施也. 차 마시는 법: (객이 적은 것을 귀하게 여긴다) 객이 많으면 번다하다. 번잡하면 차 마시는 아취가 없다. 혼자 마시는 것을 신(神. 우주 자연의 신통한 기운과 통함)이라 한다. 둘이 마심을 승(勝. 그런대로 아취가 있음)이라 한다. 서넛은 취(趣. 그저 취미 수준)라 한다. 대여섯은 범(泛. 물 퍼주듯 따라 준다)라 한다. 일고여덟은 시(施. 그냥 한 잔씩 부어 준다)라고 한다.

또 녹차에 의한 다도 및 득도의 의미를 최초로, 그리고 적절히 표현한 시로서 당나라 시인 노동(盧仝)의 「칠완다가(七碗茶歌)」가 있다.

一碗喉吻潤(일완후문윤) 첫 번째 잔은 목과 입술을 적시고
二碗破孤悶(이완파독민) 두 번째 잔은 고독과 번민을 없애주네,
三碗搜枯腸 , 惟有文字伍千卷(삼완수고장, 유유문자오천권)
　세 번째 잔은 오천권의 문자가 생각나네,
四碗發輕汗, 平生不平事, 盡向毛 孔散(사완발경한, 평생불평사,

진향모공산)

네 번째 잔은 가벼운 땀이 흘러 평생 불평한 일들이 땀구멍으로 모두 흩어지네

伍碗肌骨淸(오완기골청)다섯 번째 잔은 살과 뼈가 맑아지고,

六碗通仙靈(육완통선령)여섯 번째 잔은 신령과 통하네,

七碗契不得,惟覺兩腋習習輕風生(칠완계불득,유각두액습습경풍생)

일곱 번째 잔은 마시기도 전에, 양 겨드랑이에 가벼운 바람이 솔솔 부는 것을 느끼네.

이밖에 차를 심신 건강·수양 음료로 마심으로써 마음의 이상적인 상태, 즉 자연합일의 득도에 이르는 노정(路程)을 말해주는 것으로 조선 전기 한재 이목이 지은『다부』의 결론 부분과 송나라 시인 황정견(산곡)이 지은 시구를 추사가 일필휘지하여 초의에게 보낸 아래 글귀가 있다.

신동기입묘(神動氣入妙) 시역오심지차(是亦吾心之茶)

다신이 이입돼 (내 몸의) 정기(精氣)를 '신(神)'으로 진작시켜 그 신(神)이 작동하여 우주 자연의 신기(神氣)와 공명 동조함으로써 자연합일 천인일치 묘경에 들게 하니, 이것이 바로 물질적인 차에서 내 마음의 번뇌를 제거하고 득도에 이르게 하

는 '마음의 차'이니… (어디 말초 감각을 자극하는 기호음료로서 물질적인 차에서 이만한 기쁨을 얻겠는가)

靜坐處 茶半香初(정좌처 다반향초) 妙用時 水流花開(묘용시 수류화개)

조용히 앉아 명상하는 즈음, 절정에 달해(동아시아 사상에서 半은 物極必反 원리상 절정을 뜻함) 차향을 발산하는 차를 마시니, (다신이 몸 기운을 신으로 진작시켜서) 신(神)이 작동하는 상태(묘경)에 들게 되어, 얼었던 물이 흐르고 꽃이 피는 자연의 생명감을 느끼는 '자연합일'의 경지에 이르누나

흔히 차인들이나 '전통 찻집'을 운영하는 이들은 '오심지차'나 '다반향초' 또는 '수류화개'를 주렴으로 써 붙이거나 간판으로 내건다. 그러나 이런 문구의 의미를 제대로 아는 이라면 보이차나 산화·발효차가 문구의 의미에 부합하는 차가 아니라는 사실도 알아야 한다. 이 문구들이 말하는 차는 심신 건강·수양 음료로서 차의 3대 성분(카테킨·테아닌·카페인)이 잘 보전돼 있는 녹차이다.

여기에서 차의 3대 성분이 진정한 차 생활에서 발휘하는 효능, 즉 심신 건강 및 마음 수양의 효과에 대해서 알아보자. 잘 알려져 있다시피 카테킨(티폴리페놀)은 강한 항산화 작용을 기

능적 특성으로 한다, 녹차를 마시면 카테킨이 몸 안에 이입돼 만성 염증과 만병의 원인인 몸 안의 활성산소를 제거하여 노화 방지, 면역력 증진의 효과를 내준다. "건강한 신체에 건강한 정신이 깃든다"는 말이 있듯이, 카테킨에 의해 활성이 강해진 신체를 베이스로 하여 마음건강(수양)이 이루어진다. 수양 다도(한국 수양 다도)에서 마음 수양에 직접 관계하는 차 성분이 테아닌과 카페인이다. 테아닌은 뇌파를 외부 자극파인 베타(β)파에서 명상파인 알파(α)파로 진정시켜준다. 차를 마시면서 테아닌의 도움으로 계속 명상을 심화시켜 가면 뇌파가 온갖 번뇌와 사념(邪念)을 벗어난(寂寂) 수면 상태와 숙면 상태인 세타(θ)파, 델타(δ)파에 이르게 된다. 이는 명상의 궁극에 이르렀을 때의 뇌파이다. 이때 카페인이 숙면상태(寂寂)에서도 정신을 또렷이 깨어있게 하여(惺惺) 우주 자연의 진리를 깨달을 수 있는 득도의 상태(寂寂惺惺)에 이르게 한다.

'적적성성'은 불교의 용어이고, 이처럼 정신이 이상적인 정화(淨化)의 상태인 것을 유가에서는 '허령불매(虛靈不昧)', 도가에서는 '허실생백(虛室生白)'이라고 한다. 여기서 선현들이 실천했던 바와 같은 바람직한 심신 건강 및 수양을 위한 차 생활을 강조하자면, 차는 3대 성분이 잘 보전된 녹차를 홀로 마셔서 몸과 마음의 건강을 진작시키는 일이어야 한다. 위에 소개한 노동의 '칠완다가' 및 다른 문구들(독철왈신, 신동기입묘, 정좌처다반향초… 등)이 모두 홀로 녹차를 마시는 차 생활의 이상적인 정경을 묘사한 것들이다.

11

한국 수양 다도,
한국인의 이상적인 차 생활

우리 전통 녹차 마시는 차 명상으로써 자연과 하나되다.

한국의 차 학자나 차인들은 "차를 왜 마시는가?"라는 질문에 선뜻 명확한 답을 못하고 머뭇거린다. 또는 그저 "좋으니까 마시지…"라거나 "조상들이 즐겨 온 기호음료여서 마신다"라고 말한다. 이렇게 말하는 사람들은 차의 본질, 나아가서 그것과 연관되는 동아시아 사상에 대한 공부가 돼 있지 않음을 드러내는 것이다. 차 학자나 차인들과 같은 차 전문가들이 차론(茶論) 또는 차 학자나 차인으로서의 세계관이나 경세론 등 중요한 논리적 주장이나 이론적 설명을 요하는 답변을 하려면 그 주제에 대한 본체론적 철학 기반이 마련되어 있어야 하고, 또 그 본체론은 심성론이나 수양론으로 연역될 때 논리적 일관성을 유지해야 한다.

"차를 왜 마시는가?"라는 질문은 "물을 왜 마시는가?"나 "술을 왜 마시는가?"라는 질문과 본질적인 면에서 차원을 달리한다. 차의 생명력은 차의 본질적 정체성에 기반한 '다도'라는 문화 현상이고, 다도는 동아시아 사상 수양 언어인 '도' 자가 붙어 있어서 '차로써(차를 만들고 우리고 마심으로써) 수양하는 일'이다. 그런데 차 학자나 차인이라는 이들이 수양이 무엇인지, 차를 마셔서 심신 수양이 되는 원리가 어떤 것인지에 대한 고민이 털끝만큼도 없기에 차를 마시는 이유나 목적 또는 좋은 차가 무엇인가에 대한 물음에 대해 얼버무리고, 결국은 차를 '기호식품'이라고 단정해 버리는 데서 단순한 기호식품으로서 기호성이 강한 서양 커피와 중국 보이차가 이 땅에 밀려들어 기승을 부리고, 한국 차와 차문화, 차 산업이 왜곡되고 기울어 가는 비극이 비롯됐다.

'한국 수양 다도'는 필자가 박사 학위 논문 「한국 수양 다도의 모색」에서 한재 이목의 『다부』와 초의 선사의 『동다송』 내용을 분석하여 동아시아 사상 본체론인 기론(氣論)으로써 풀이해 낸 차론(다도론)이다. 필자가 전인미답의 곡성 산 속에 산절로야생 다원을 이루면서 차 공부를 하고 '도(道)'를 키워드로 하는 다도 수양 논문을 쓰게 된 동기는 "차를 마시면 왜 심신 수양이 되는가?"라는 의문을 품게 된 것이었다.

동아시아 사상 수양 개념인 도(道) 자를 수반하는 '다도'란 근본적으로 수양론을 담고 있다. 즉 다도란 차로써(또는 찻일과 더불어) 심신을 수양하는 일이다. '한국 수양 다도'는 왜 차를 마시면 심신 수양이 되는지, 그 원리를 담은 것으로써 중국과 일본의 차 문헌에는 없는, 한국 차 선현들의 문헌에만 나오는 고유하고 독특하고 월등한 수양 다도론이다. 그 내용을 좀 더 풀어서 말하자면, 차를 마시는 목적이 심신 수양이며, 차의 심신 수양 원리는 기론에 입각하고 있으며, 그런 목적과 원리에 부응하는 차는 한국의 전통차(녹차)인 다산의 구증구포 단차와 삼증삼쇄 연고녹차라는 것이다. 아래에 한국 수양 다도의 내용을 상세히 설명하겠다.

우선 다도 수양론의 기반 이론인 기론부터 얘기해 보자. 서양 철학에 본체론으로서 (신의)창조론과 진화론이 있다면 동아시아 사상(사유)에 있어서 본체론은 기론이다. 기론은 우주 자연의 모든 현상과 물질이 기(氣)로 이루어져 있다는 생각이다. 사람의 몸과 마음도 기로 채워져 있고, 차에도 다신(茶神)이라는, 고도의 청신한 우주 자연의 기가 담겨 있다.

한국 수양 다도는 우주 자연을 이루고 있는 고도(高度)의 기(氣)로서 차에 담겨있는 다신(茶神)이 잘 보전된 차를 만들고 우려내고 마시는 찻일에서 수행되는 수양론이다. 즉 다신을 잘 보전하여 완제된 차를 만들고, 그 다신을 차탕에 이상적으로 구현시켜 내도록 정신을 집중하여(敬) 정성을 다하고(誠), 그렇게 우려낸 차탕을 몸과 마음으로 자연의 신성한 기운(다신)을 받아들인다는 자세로 마시면, 다신의 매개로써 어느덧 몸과 마음이 자연과 하나 되어 자연의 섭리 위에 있게 되는 '득도'의 경지에 이르게 된다는 내용이다.

한국 수양 다도의 이론적 근거는 위에 말한 기론과 한재 이목의 『다부』의 결론인 '신동기입묘(神動氣入妙) 시역오심지차(是亦吾心之茶)' 및 초의 선사의 『동다송』 결론인 '채진기묘(採盡其妙) 조진기정(造盡其精) 수득기진(水得其眞) 포득기중(泡得其中) 지차이다도진의(至此而茶道盡矣)'이다. 여기서 '채진기묘… 포득기중'은 "찻잎을 따서 차를 만들어 우려낼 때 다신을 보전하여 차탕에 구현시키도록 정성을 다하라"는 주문으로서, 차를 만들어 우려내기까지의 과정에서 경(敬)과 성(誠)을 체득하는 '과정의 다도'에 해당한다. 또 '신동기입묘 시역오심지차'는 그렇게 정성 들여 만든 차를 마셨을 때 이르게 되는 자연합일(신동기입묘)의 득도적 마음상태(오심지차)를 가리키는 '경지의 다도'이다.

'채진기묘… 포득기중'은 녹차 제다와 포다에 관한 내용이고 '신동기입묘 시역오심지차'도 조선 전기에 기호음료인 산화·발효차가 나오기 전 녹차 마시는 일을 두고 쓴 글이라고 할 수 있다. 그러나 일반인들이 제다 철이 아닌 때 '채진기묘, 조진기정'을 하기는 어렵다. 그렇기에 평상시 일반인들의 한국 수양 다도는 '채진기묘, 조진기정, 수득기진, 포득기중'의 '과정의 다도' 중 좋은 차와 물을 골라 차탕을 잘 우려내는 과정에서 정성을 다하며 번뇌를 잊고 자연의 섭리(誠)를 체득하는 '수득기진~포득기중'으로 줄여서 하면 된다. 혹자는 '한국 수양 다도'에 방법론

이 없다고 한다. '채진기묘~포득기중' 및 이것에 이어 초의가 소
개한 음다법으로서 '오심지차'의 경지에 이르는 '독철왈신(獨啜
曰神)' 등이 바로 한국 수양 다도의 구체적 방법론이다.

한국수양다도 내용 일람표

구분		과정(課程)의 다도	경지(境地)의 다도	유·도·불 구분	실생활에서의 효용
여건	제다철	채진기묘 → 조진기정 → 수득기진 → 포득기중	오심지차 (吾心之茶)	공통	심신(心身)과 성정(性情)의 안정(安靜)·고양(高揚). '인간세→자연→초월'의 이상적 경계 관통
	평상시	차득기진 → 수득기진 → 포득기중			
내용		敬(정신집중). 性(誠)의 함양(未發) (靜坐處茶半香初)	性(誠)의 발현·체인(已發) (妙用時水流花開)	유가 (성리학) 수양 다도	개인 성정(性情)의 중용(中庸). 성인(聖人)적 인품(仁稟) 양성. 대동사회 구현
내용		茶神의 보전·발현 허실(虛室)	득도. 자연합일 (神動氣入妙) 생백(生白)	도가 수양· 양생다도	현실사회의 자연결핍증 치유. 우주의 생명원리에 순응하는 건강한 삶
		정신집중. 번뇌 제거 止·定(사마타)	깨달음 觀·慧(위빠사나)	불가 수행 (修行) 다도	생사초탈. 동체대비 (同體大悲)의 종교적 삶
출전(出典)		『동다송 (東茶頌)』	『다부(茶賦)』		

(『신묘』 307쪽에서)

12

중국 다예(茶藝), 한국 다례(茶禮), '일본 다도(日本 茶道)'

한국 전통 제다와 다도(한국 수양 다도)는 그 '원리'가 '신묘(神妙)'라는, 동아시아 사상 기론적 개념으로 연결돼 있다. 즉 제다는 찻잎에 들어있는 우주 자연의 신묘한 기운인 '다신(茶神)'을 잘 보전하여 완제차를 만드는 일이고, 다도는 그 차를 마셔서 그 다신을 흡입하여 다신의 매개로써 우주 자연의 활력인 신(神)과 하나가 되는 자연합일 · 천인일치의 경지를 구하는 수양이다. 제다와 다도가 이처럼 사상성(정신성) 논리로써 직결된 하나의 유기체임을 전제로 한 · 중 · 일 삼국의 다도(또는 행다) 양식을 비교 고찰해 볼 필요가 있겠다.

'다도'라는 말은 당나라 때 봉연의 '봉씨견문기'에서 나타났고, 이어 당시 시승 교연(皎然, 720~803)의 시 '(삼)음다가(三)飮茶歌'에서 음다에 의해 이르게 된 경지를 '득도'라고 함으로써 '다도'는 차를 마셔서 득도에 이르는 수양론으로 정의되었다. 이처럼 다도는 제다와 차 생활이 본격화되고 그에 대한 풍성한 기록이 육우(陸羽)의 『다경』에 담기던 당대(唐代)에 이미 육우와 함께 차를 논했던 문사 봉연(封演)과 시승(詩僧) 교연(皎然)에 의해 수양론적 의미로 자리매김한 것이다. 봉연은 '봉씨견문기封氏見聞記' 6권 음다편에 "이 때에 이르러 다도가 크게 성행하였고, 왕에서부터 선비에 이르기까지 차를 마시지 않는 사람이 없었다."라고 하여 '다도'라는 말을 등장시켰고, 교연은 그의 시 '음다가(飮茶歌)'에서

일음척혼매(一飮滌昏寐) 한 모금 마시자 혼미함이 씻겨나가고
재음청아신(再飮淸我神) 두 모금 마시자 정신이 맑아지고
삼음변득도(三飮便得道) 세 모금 마시자 문득 도를 터득하니
하수고심파번뇌(何須苦心破煩惱) 번뇌를 없애고자 마음 쓸 일 없네.

라고 읊어서 봉연이 말한 '다도'가 음다(飮茶)에 의한 득도의 경지에 이르는 것임을 표현했다. 따라서 '다도'의 원래적이고 본질적인 의미는 '차로써 가는 수양修養(또는 修行)의 길'이라고 할 수 있다. '다도(茶道)'는 '茶+道'로 이루어져 있으므로 '다도'의 수양론적 의미를 상세히 파악하기 위해서는 차의 수양론적 속성 이해에 앞서 동아시아 사상 도·유·불가(道·儒·佛家)의 수양론적 공용어인 '도(道)'를 먼저 이해하고 가야 한다.(『동양사상

수양론 道 – 마음 비우기, 채우기, 기르기』 참조)

국내외 차계에서는 동아시아 3국의 행다 양식(이른바 '다도')을 중국 다예, 한국 다례, 일본 다도로 나누고 있다. 위에서 살펴본 바와 같이 다도가 수양론임을 전제로 한다면 한·중·일의 행다 양식이 다도로서 각각 수양론적 이론 체계를 갖추고 있는지를 살펴볼 필요가 있다.

1) 중국 다예(茶藝) - 차에 관한 지식·기능·예술 겸비한 수양 다도에서 관광상품화한 쇼잉 이벤트

다예茶藝의 藝는 예술 예가 아니라 재주, 지식 또는 기술 예다. 『소학』에 육예(六藝)가 나온다. 중국 주대(周代)에 행해지던 교육 과목으로 선비가 갖춰야 할 예(禮)·악(樂)·사(射)·어(御)·서(書)·수(數) 등 6종류의 지식과 기·예능을 말한다.

따라서 다예茶藝는 차에 관한 전문 지식이 곁들여진 행다의 수준 높은 방법을 일컫는 것이라고 할 수 있다. 중국에서는 일찍이 당나라 때 『다경』에서 "차는 그 성질이 매우 한하다(茶之爲用 味至寒). 마시기에 알맞은 사람은 정행검덕한 사람이다(爲飮 最宜精行儉德之人)"라고 하여 차를 마시는 일의 정신 지향성을 표현했고, 당시에 봉연과 교연의 글에 '다도'와 '득도'라는 말이 동시에 사용되어 다도가 득도에 이르는 수양의 한 방법임을 알렸다. 그러나 이러한 수양론 개념의 다도라는 용어의 의미가 점점 퇴색되고 덖음 제다와 더불어 산화차(청차)류가 등장한 무렵인 명대 장원의 『다록』에서 다도(茶道)는 조(造-제다)·장(藏 -차의 저장)·포(泡-차 우리기)의 방법론으로 설명됐다.

즉 명대에 초배법 제다 방식이 보편화되고 명말·청초에 청차 (靑茶)가 출현하면서 차가 기호식품으로 인식되는 경향과 더불어 상품화되면서 수양론으로서의 다도 개념은 더 희석된 것으로 보인다. 중국에서는 또 유·불·도가 사상의 수양론과 도교의 기공법 등 다도 이외의 수양론과 수양 기법이 다양화하면서 수양론으로서의 다도 개념이 마땅히 설 자리를 찾지 못한 듯하다.

'다예'라는 말은 '일본 다도'와 구별하기 위해 1970년대 중반 대만에서 본격적으로 부르게 된 명칭으로서, 차에 대한 지식과 기능을 행다에 발휘한다는 개념이다. '다예' 개념은 명말·청초에 복건성의 '공부차(工夫茶)' 개념에서 유래됐다고 한다. 또 광동성 북부 조주(潮州)·산두(汕頭)에서는 공부차 양식인 '조산 다법'이 유행했다고 한다. 현재 공부차 우림법은 중국 국가비물질문화유산으로 지정돼 있다. '공부工夫'란 세밀히 배우고 익힌다는 뜻이다. 공부차란 청대에 들어와 음다와 행다에 있어서 정밀한 지식·기능·예술성을 강조한 것이다. 일본 다도가 차의 색, 향, 맛 등 본질을 중시하기보다는 행다의 격식과 질서를 존중하는 데 비해 공부차는 차와 다구의 선택, 물 끓이기, 차 우리기, 차의 품평에 이르기까지 차의 본질 구현에 초점을 두고 있다.

이러한 까닭에 '조주 공부차' 또는 '조산 공부차' 양태가 바로 '중국 다예'라고 할 수 있다.

다예의 이런 특징과 차별성을 보여주는 것이 다예에서 사용되는 문향배(聞香杯)다. 문향(聞香)이란 차향을 단순히 감각적으로 맡는(聽) 게 아니라 우주의 기(氣)로서 마음으로 듣고 음미하여 체인한다는 의미(기론적 이해)이다. 따라서 다예는 단순한 '차 우리는 기능'만이 아니라 원래의 수양론적 측면을 지녔다고 할 수 있다.

2) 한국 다례(茶禮)

정체성 없이 형식에 치우친 '잡차(雜茶)'
– 봉건적 계급질서 반영한 조선 성리학의 부정적 잔재(규방 다례, 선비다례 등)

'한국 다례'는 1970년대 후반 한국차인연합체가 결성되면서 이 연합체 가입 단체들이 연합체에 가입하기 위한 절차로서 자신들의 존재성을 부각시키기 위해 각기 형식을 달리하여 급조한 것들이라고 할 수 있다. 예컨대 선비 다례, 규방 다례 등이 있으나, 이는 전통적 맥락이나 역사적 성립 근거가 불투명하다. 규방 다례의 경우 인천시 무형문화재로 지정돼 있다. 그러나 규방 다례는 '3대째 전수돼 온 전통'이어야 한다는 무형문화재 지정 조건을 충족시키지 못한 채 문화재로 지정됐다는 논란을 야기하고 있다.

한국 차 학계와 차계에서는 다례와 다도를 혼동하고 있다. 달리 말하자면 다례와 다도의 정체성을 구분 또는 정립하지 못하고 있다. 다도에 대해서도 수양론적 의미보다는 "차를 내는 행다의 방법" 정도로 인식하고 있다. 또 차계에서 '한국의 다도 정신'으로 초의의 『동다송』을 인용하여 '중정'이라고 주장하고 있다. 이때 다도에는 다례도 포함되는 것으로 인식되고 있다. 즉 다례를 하면서 "한국의 다도 정신은 중정"이라고 말하고 있는 것이다. 한국차인엽합체 결성을 최초로 발의한 무초 최차란(1926 ~ 2018)은 저서 『막사발에 목숨을 쏟아놓고』에서 '다례'를 가리켜 '잡차'라고 하고 "모르는 이가 모르는 이들을 가르쳐서 모두가 모르게 (잡차가) 되었다"고 한탄했다.

그러나 한국에는 일찍이 조선 전기 한재 이목이 『다부』에서 "신동기이입묘, 시역오심지차"라 한 '경지의 다도'와 조선 후기 초의가 『동다송』에서 "채진기묘 조진기정 수득기진 포득기중… 지차이다도진의"라고 한 '과정의 다도'가 있어서 이 둘을 합하면 중국과 일본에 없는 완벽한 '한국 수양 다도'가 성립된다.

3) '일본 다도' - 불가의 수행 다도를 연역한 '단체 규율다도'에서 글로벌 브랜드로 성장한 집단 접빈다례

한국의 최초 다서가 '세계 유일의 다도 전문서'라고 일컬어지는 한재 이목의 『다부』인데 비추어 일본 최초의 다서는 에이사이의 『끽다양생기』로서, 일본에서는 차의 음용이 약용으로 시작되었음을 말해준다.

'일본 다도'는 다도 정신이라는 '화 · 경 · 청 · 적(和 · 敬 · 淸 · 寂)'이 개인적 명상 다도가 아닌 다수의 상대를 전제로 하고 있고, 무사 정권 시절 정치적 동기가 개입돼 인위적 형식 위주로 조작된 일종의 집단 접빈 다례 성격을 띠면서 근래에 계보화(이에모토 제도)와 함께 상품화된 것이다.

일본 다도는 철학성이나 다도 정신에 대한 이론적 근거가 설명된 바 없이 형식과 내용이 "불가 다도의 세속화"라는 명분으로써 단언적으로 주장된 것이라고 할 수 있다. 일본 다도를 미화하고 강조하여 선전한 오카쿠라 텐신의 『차의 책』에서도 일본 다도의 다도 정신을 강조했을 뿐 그 이론적 근거나 철학성을 설명하는 대목은 없다.

일본 다도가 기론에 입각한 수양론일 수 있되 정비된 이론을 갖추지 못했음을 시사하는 주장도 있다. 일본 현대미술가이자 소설가인 아카세가와 겐페이(赤瀬川原平. 1937~2014)는 『침묵의 다도, 무언의 전위』에서 "보이지 않는 기를 몸짓을 통해 표현해 보이는 행위가 다도의 세계에 있었을 것이다"라고 말하고 그기를 '다기(茶氣)'라고 표현했다. 그러나 그는 다도가 기공술(氣功術)과 같은 것으로서 "리큐가 살았던 시대의 미분화된 범예술상태"의 한 양상이라고 말하는 데 그쳐서, 일본 다도가 기론의 수양 원리를 포함하고 있는지를 상세히 밝혀내지는 못했다.(『신묘』317쪽 참조).

오늘날의 일본 다도는 와비·사비(侘·寂) 등 심미적 수양론적 개념을 파생시키는 등 독특한 문화적 기능을 발휘하고 있지만 일종의 진입장벽인 이에모토家元 제도로 계승되는 등 진정한 수양 다도라기보다는 상품화된 쇼잉적 요소가 강하다.

* 와비·사비(侘·寂) :

와비(incomplete) : 사비를 아름답다고 생각하는 마음이나 불완전함의 내면적인 넉넉함을 말한다. 예) 왜곡이나 부서짐 등 모습이 정돈되지 않은 것이라도 개성으로서의 독자적인 매력을 찾아내 불완전한 것을 재미있어하는 것이 와비의 미의식이다. 처한 상황을 비관하는 것이 아니라 그것을 즐기는 정신적 풍요로움을 나타낸 말이다.

사비(impermanent) : 시간의 경과에 따라 오래되고 퇴색되고 녹슬고 열화되지만, 반대로 오래되어 나오는 맛이나 시든 것의 정취 있는 아름다움을 말한다. 예) 은은 시간이 지남에 따라 색감과 감촉이 변화하여 엔티크와 같은 차분한 맛이 된다. 일본인들은 시간이 지남에 따라 변해가는 모습을 사랑하고, 그곳에서 미의식을 발견하고 있다.

와비는 무로마치시대에 다도와 연결되어 발달했다. 와비차의 창시자라고 불리는 무라타 타마미츠는 고가의 당물(唐物)의 미술품 감상을 존중하는 다과회에 대해서 보다 간소한 도구를 이용하는 정적인 다도로 바꾸어 갔다. 화려한 것을 일절 배제하고 정신적인 것을 중시하는 것이 와비의 개념이 되었다.

와비사비를 외국인의 시점에서 설명하는 것이 1990년대 미국에서 출판된 레너드 코랜저의 『와비사비 for artists, designers, poets & philosophers』이다. 그때까지 명확하게 밝혀지지 않았던 와비사비를 정반대인 서양적 모더니즘이라고 불리는 사상과 비교하여 알기 쉽게 설명한 책이다. 예를 들면 테크놀로지와 자연, 인공과 천연, 대량생산과 한 점의 것 등, 근대 합리주의를 배경으로 한 서양적 모더니즘이 와비사비의 미국화된 미의식이라는 것이다.

메이지 시대에 오카쿠라 텐신은 『차의 책』에서 일본의 다도와 일본인의 정신성을 소개했다. 여기서 "다도의 근본은 불완전한 것을 공경하는 마음에 있다"라고 기술하고 있다. 이 '불완전한 것'이라는 표현이 와비를 잘 나타내고 있어 일본의 미의식으로 세계에 널리 퍼졌다. 이 책들로 인해 전 세계에 와비사비 붐이 일어났다. 와비사비는 간소한 것의 정취를 맛보는 일본적인 미의식인 것을 알 수 있다. 다만 현대에 기계화되어 물건이 넘치는 일본 사회를 바라보면 일본으로부터 와비사비의 섬세함이나 감성이 사라져가는 느낌을 준다. 그러나 코로나 사태가 초래한 현재의 쇄국과 같은 불편한 시대 속에서는 물질적인 풍요로움이 아니라 검소함 속에 있는 내면적인 미의식이나 오래된 것의 아름다움을 느끼는 일본인으로서의 감성을 재건축할 수 있지 않을까 생각한다. (竹田理繪, 『교양으로서의 다도』, 自由國民社, 2021. 11. 12. p. 112-116)

한국 수양다도(韓國 修養茶道)와 일본 다도(日本 茶道)의 특성(特性) 비교

한·일 특성별	한국 수양다도 (韓國 修養茶道)	일본 다도 (日本 茶道)
성격(性格)	개인적 수양다도 (個人的 修養茶道)	집단적 접빈다례(문화 퍼포먼스) (集團的 接賓茶禮, performance)
내용(內容) 형식(形式)	자력(自力)적·내성(內省)적 행위+음다명상(行爲+飲茶瞑想)	타력(他力)적·외제적(外制的) 행위(行爲)+감상·완상(感賞·玩賞)
형태(形態)	제다(製茶) → 포다(泡茶) → 음다(飲茶)	정형화된 집단의례(集團儀禮)
기반 이론 (基盤 理論)	성선설(性善說)·기론(氣論)	성악설(性惡說)·기론(氣論)
유래(由來)	유儒·불佛·도道 3교(敎) 융합(融合)	불가 다도(佛家 茶道)의 세속화(世俗化)
이념 (理念.茶道 精神)	성·본성·도(誠·性·道) (儒·佛·道)	화·경·청·적(和·敬·淸·寂) (儒·神道·佛) 일기일회(一期一會)
효용(效用)	순수 수양 다도	국민 생활예절, 심미의식, 기능화한 문화상품 산출

(『신묘』 322쪽에서)

13

한국 차 제다와 다도의 핵심 원리

한재와 초의의 신(神)·다신(茶神)·신묘(神妙)

초의는 1830년『만보전서(萬寶全書)』에「다경채요(茶經探要)」
라는 이름으로 실린 명대(明代) 장원(張原)의『다록(茶錄)』내용
을 초록(抄錄)하여 엮으면서 책 이름을『다록(茶錄)』이 주는 의
미 맥락과는 전혀 다르게『다신전(茶神傳)』이라고 하였다.『다신
전』'포법(泡法)'항에서는 "조즉다신미발 지즉묘복선소(早則茶
神未發 遲則妙馥先消. (차탕을 마포에) 거르기가 빠르면 다신이
아직 발하지 않고, 마시기를 지체하면 차의 오묘한 향이 먼저
사라지게 된다"고 하였다. 또 '음다(飮茶)'항에서는 "독철왈신
(獨啜曰神). 혼자 마시기를 신(神)이라 한다"라고 하였다. 그리
고 '향(香)'항에서는 "우전신구왈진향(雨前神具曰眞香. 곡우 전
신(神 : 차의 신성한 기운)이 고루 갖추어진 것을 진향이라 한

다"고 하였다. 또 『동다송(東茶頌)』 제56행 주석에서는 "다서운 '채다지후귀급시 … 지즉신산 …'(茶書云 '採茶之候貴及時 … 遲則神散 …' 차서에 이르기를 "차를 따는 시기가 중요하다. … 너무 늦으면 신(神)이 사라진다"고 했다.

이처럼 초의는 장원이 『다록』에서 말하는 "다신이 아직 발하지 않고"라는 문구에서 찻잎에 들어있는 '기(氣)'의 최상위 개념인 '신(神)'의 정체성을 '다신(茶神)'으로 파악하고 『다록』을 모사(摹寫)한 책 이름을 『다신전』이라 하였다. 초의는 『다록』에서 차향의 으뜸(眞香)을 우전 찻잎이 갖춘 우주의 청신한 기운(茶神)과 동일시하고 그 기운을 '신(神)'이라 하였다. 특히 '포법' 항에서는 '다신'과 '묘복(妙馥: 신묘한 향기)'을 동일시하고 '음다' 항에서 홀로 차를 마시는 경지를 '신(神)'이라 한 내용들을 『다신전』을 거쳐 『동다송』에도 소개했다.

초의가 '다신'의 의미를 이해하고 중시했음은 『동다송』 제60행 주석에 나온 '다도' 규정에서도 확인된다. 여기에서 초의는 자신의 견해를 "평왈(評曰 : 내가 앞에 나온 내용들을 분석 종합 평가하여 말하자면)"이라는 말로 시작하여 "채진기묘 조진기정 수득기진 포득기중 지차이다도진의(採盡其妙 造盡其精 水得其眞 泡得其中 至此而茶道盡矣. 찻잎을 딸 때 찻잎이 지닌 신령한 기운의 작동(神妙)을 잘 보전하고, 차를 만들 때 찻잎의 정기를 잘 보전하고, 차를 우릴 때 좋은 물을 골라, 차와 물의 양을 적절히 가늠하여(中) 우려서, 차탕에 다신이 정상적으로 발현되게 하면

(正) 다도는 다 된 것이다"라고 했다.

이 문구의 요지는 찻잎을 따서 제다하고 그 차를 우려내는 전 과정에서 다신을 잘 아우르기에 정성을 다하라는 주문이다. 초의는 그 뒤에 이어지는 제61~62행에서 "일경옥화풍생액 신경이섭상청경(一傾玉花風生腋 身輕已涉上淸境. 옥화차 한 잔 마시면 겨드랑이에 바람이 일어나니 몸이 가벼워 벌써 (도인이 사는) 상청경을 걷네"라고 노래한 데 이어 제67~68행에서는 "유허백운명월위이객 도인좌상차위승(惟許白雲明月爲二客 道人座上此爲勝. 오직 흰 구름과 밝은 달을 두 손님으로 삼으니, 도인의 자리는 이보다 더 뛰어나랴"고 하고, 주석에 『다신전』에서 소개한 '음다지법(飮茶之法)'을 다시 옮겨 놓았다. 이 '음다지법'의 핵심은 역시 "독철왈신(獨啜曰神). 즉, 혼자 마시는 것을 신령스럽다 한다"이다. 종합하면, 찻잎을 딸 때부터 차를 만들고 우려내는 과정에서 차가 지닌 신묘한 우주적 기운을 잘 보전하고, 그런 차를 혼자 마시면 차의 신묘한 기운이 마시는 이의 심신에 전이돼 그 신의 작용(妙)으로 우주 자연의 기운과 공명하여 하나가 되는(神通) 경지에 이르게 된다는 것으로서, 다신 즉 차가 지닌 신령 신묘한 기운을 강조한 것이다.

『다신전』과 『동다송』의 가치는 이처럼 동아시아 사상의 기론에서 말하는 '신(神)'과 그 작용성인 '묘(妙)'의 의미를 구체적이고 현시적 자연물인 차(茶)에서 발견하여 제다와 다도의 핵심 원리이자 궁극적 '찻일의 정신'으로 연역(演繹)해 놓았다는 점이다. 이러한 '다신'과 '신묘'의 현철(賢哲)한 수양론적 해석은 한·중·일 3국 중 유일하게 한국 차문화에서만 볼 수 있다. 초의가 '신(神)', '현묘(玄妙)', '다신(茶神)'의 의미와 그것들 사이의 맥락 관계를 터득한 것은 일찍이 차의 신(神)의 작용과 우리 심신의 기(氣)의 관계를 암시한 『다부(茶賦)』의 영향이었을 수 있다.

초의(1786~1866)보다 350여 년 앞서 살았던 한재(寒齋) 이목(李穆, 1471~1498)은 『다부』에서 차를 마셨을 때의 '득도' 상태를 노래하기를 "신동기이입묘/낙부도이자지/시역오심지차/우하필구호피야(神動氣而入妙/樂不圖而自至/是亦吾心之茶/又何必求乎彼也. 다신이 (들어와) (우리 몸의)기를 움직여 신이 작동하는 묘경에 들게 하니/즐거움은 꾀하지 않아도 저절로 이르네/ 이야말로 '내 마음의 차'이니/(기쁨을) 어찌 반드시 다른 것('기호식품'으로서 물질적인 차)에서만 구하랴"라고 했다. "차를 마시면 차의 신령한 기운(茶神)이 내 몸의 기(氣)를 신(神)으로 작동시켜(고도화하여) (우주의 기운인 신과 통하는) (神이 작동하는 경지인) 묘경에 들게 하여, 더불어 득도의 즐거움이 저절로 따라오니, 이것이 물질적인 차가 정신적인 '내 마음의 차'로 승화된 것이니, 이만한 기쁨을 어찌 하필 물질적 차에서만 구하랴"라는 것이다.

한재 역시 이 문구에서 차를 마셨을 때 차가 전이시켜 주는 우주적 생명력이자 신령한 기운인 다신(茶神)의 중요성을 말하면서, 신(神)이 작동하여 차를 마신 이가 이르게 되는 경지를 '묘경

(妙境)'이라 함으로써 '묘(妙)'가 '신(神)이 작동하는 상태'임을 말해주고 있다.

14

차의 3대 요소와 3대 성분,
한국 차 제다의 지향점

　흔히 차에는 3대 요소와 3대 성분이 있는 것으로 일컬어진다. 차의 3대 요소는 향·색·맛이고, 3대 성분은 티폴리페놀(카테킨)·아미노산(테아닌)·카페인이다. 3대 요소 구분은 동아시아 사상의 기론적 분석이고, 3대 성분 분석은 서양 자연과학(화학)적 방법에 따른 것이다. 차의 3대 요소와 3대 성분 사이엔 명칭상 시각의 차이가 있을 뿐, 상호 긴밀한 연계성을 지니고 각기 제다법·차의 종류·품질을 가름하는 기준이 된다. 특히 차의 3대 요소는 품질의 기준이 되고, 또 모두 각기 상응하는 화학 물질인 3대 성분과 상관관계가 있다. 이러한 이유로 티폴리페놀·아미노산·카페인을 '품질 3총사'라고도 한다.

　이들 성분 중 티폴리페놀에서의 카테킨, 아미노산에서의 테아닌, 산화차에서 카테킨의 산화 중합체인 테아플라빈과 테아루비긴 등이 차 품질 결정의 주도적인 역할을 하는데, 이들의 비례와 조화에 따라 차의 품질이 결정된다. 또한 품종·지역·기후·가공 등의 조건들이 동일할 때 아미노산은 녹차의 품질에, 카테킨(테아플라빈)은 산화차의 품질 지표가 된다.

먼저 차의 3대 요소에 대해 알아보자. 『다신전』 '조다(造茶 : 차 만들기)' 항에서 " … 그 가운데 현미한 것이 있어 말로써 표현하기 어렵다. 불김이 고루 들면 (차의) 빛깔과 향기가 모두 아름다워지니 그 미묘함을 연구하지 못하면 (차의) 신묘한 맛은 모두 느른해진다(中有玄微 難以言顯 火候均停 色香全美 玄微未究 神味俱疲)"고 했다. 이 말을 풀이하자면, "제다에는 우주 기운의 작동(神妙)과 관련되는 부분이 있는데 이는 말로써 표현하기 어렵다. 제다의 목표는 차의 향과 색을 가능한 한 자연상태에 가깝게 살려내는 것인데, 이는 불기운(火候)을 고루 들게 하는 것으로써 좌우된다. 불기운을 고루 들게 하여 차의 향과 색을 원래대로 재현시키는 일은 찻잎이 지닌 우주의 역동적 생명력이면서 고도의 기적(氣的) 소통 매개체이자 만물에 활력을 불어넣는 에너지의 일종으로서 차에 들어있는 다신(茶神)을 보전해 내는 일이다. 이처럼 세밀한 다신의 작동기제(玄微)를 제다에 반영시키지 못하면 차의 향과 색을 포함한 신묘한 맛(神味)을 얻기 어렵다."이다.

위 『다신전』 문구는 차의 향과 색을 포괄(包括)하여 '신미(神味)'라고 함으로써 차향과 차색을 '기(氣)'로서 파악하고 있다. 이덕리는 『동다기』에서 "차의 효능을 두고 어떤 사람은 동차(東

茶 : 우리 땅에서 나는 차)의 효험이 월나라에서 나는 차에 미치지 못한다고 의심하기도 하나 내가 보기에는 색, 향, 그리고 이 둘을 융합한 기미(氣味)가 조금도 차이가 없다. 다서에 이르기를 '육안차는 맛이 뛰어나고 몽산차는 약효가 뛰어나다'고 했다. 우리나라 차(東茶)는 이 두 차를 대개 겸하고 있다. 만일 이찬황과 육우가 살아 있다면 그 사람들은 반드시 내 말이 옳다고 할 것이다(茶之效 或疑東茶不及越産 以余觀之 色香氣味 少無差異 茶書云 陸安茶以味勝 蒙山茶以藥用勝 東茶盖兼之矣 若有李贊皇 陸子羽其人 則必以余言爲然)"라고 말하면서 '색 · 향 · 기미(色 · 香 · 氣味)'를 강조하고 있다.

'色香氣味'라는 말은 『동다송』 제38행에도 나오는데, 대부분의 역자들이 정민(한양대 교수, 『새로 쓰는 조선의 차 문화』 저자)이나 박동춘(동아시아차문화연구소장)의 경우처럼 '色香氣味'를 '色 · 香 · 氣 · 味'로 나누어 "색과 향과 기운과 맛"이라고 번역하고 있다. 이는 차의 본질에 대한 고찰이 부족한 데서 비롯되는 오역으로서, 다신을 보전해 내는 일이 관건인 제다의 방향에 혼선을 초래할 수 있다. 앞서 살펴본 『다신전』의 문구에서 향과 색을 포괄하여 '신미(神味)'라고 했듯이, '色香氣味'에서 '氣味'의 '氣'는 앞에 있는 '色香'을 일컫는 말로 봐야 한다. 즉 '氣味=神味'이고 '色香氣味'는 '色 · 香 · 氣味'로 끊어 읽어야 한다. 기론(氣論)에서 神은 물질적 · 정신적 중간단계인 氣가 고도화되어 통력(通力)이 있는 파장 속성의 높은 단계 氣, 즉 '신(神)'으로 고도화된 것을 일컫는 명칭이다. 따라서 생찻잎이 품고 있는 다신은 '기미'라 할 수 있고, 완제된 차의 차탕이 지닌 차향과 색은 '신미'라 할 수 있으며, 둘을 겸해 한 쪽을 부를 수도 있다. 차의 색(色)도 기(氣)이고 향(香)도 기인데 '色香氣味'에서 '氣'를 분리 독립시켜 따로 부를 필요는 없는 것이다.

다음은 차의 3대 성분과 제다와의 관계에 대해서 알아보자. 차의 3대 성분은 차의 본질과 관계되는 것이다. 제다의 핵심은 차의 3대 성분을 여하히 보전시켜 내느냐, 아니면 변질·유실시키느냐의 문제이다. 차의 3대 성분 유지 정도는 차의 종류 구분 및 그 차가 기호식품이냐 심신 건강·수양 음료이냐를 가름하는 기준이 된다.

차에는 티폴리페놀(카테킨), 아미노산(테아닌), 카페인, 향기 성분, 비타민, 당류 등 다양한 성분이 있지만 차계와 차 학계에서는 차의 '3대 성분'으로 티폴리페놀(카테킨)·아미노산(테아닌)·카페인을 꼽는다. 따라서 제다 과정에서 이 3대 성분을 어느 정도의 어떤 양상으로 보전 또는 변화·망실 시키느냐가 제다의 관건이자 완제된 차의 종류를 가름하는 기준이 되는 것이다.

차의 3대 성분 중 티폴리페놀은 건강 증진, 면역력 강화, 노화 방지 등의 효능을 발휘하는 것으로 알려져 있다. 티폴리페놀은 산화력이 강해서 몸 안의 활성산소를 제거해 주는 기능(항산화 작용)을 발휘하기 때문이다. 즉 차를 '건강음료'이게 하는 성분이 카테킨이다.

티폴리페놀은 찻잎의 세포액 속에 들어있고, 엽록소 안에 있는 산화 효소인 폴리페놀옥시데이스와 액막(液膜)에 의해 격리된 채로 존재한다. 이 두 물질 간의 산화 반응은 대부분 가공 과정 중 찻잎의 상처나 찻잎 비비기 공정에서 세포 파괴에 의해 이루어진다. 폴리페놀옥시데이스는 폴리페놀이 공기 중 산소와 결합해 산화되도록 촉진한다. 제다법 중 증배(蒸焙)와 초배(炒焙)는 각각 고온의 증기와 열에 의한 '살청(殺青)'이 일차적인 목표인데, 살청은 생엽 중의 티폴리페놀 산화 효소의 작동을 신속히 중지시키는 데 그 목적이 있다. 폴리페놀 산화 효소는 찻잎 온도 섭씨 75도 이상에서 작동이 중지된다. 따라서 한국 차계 일부에서 차 덖는 일을 '수치(修治)'라 부르며, 한약재 법제에 비유하여 차의 냉기를 없애는 목적을 갖는다거나(혜우), 차의 독소를 제거하기 위한 일(박동춘)이라 주장하는 것은 살청의 원리와 목적에 무지하거나 제다 원리에 방심해서 하는 말이다.

일반적으로 산화 효소의 활성은 찻잎 온도 섭씨 20도일 때 시작되며, 10도씩 증가할 때마다 배가 되어 45~52도일 때 가장 강력하다고 한다. 찻잎 온도가 계속 올라가 65도 정도가 되면 효소가 활성을 잃게 되는 실활현상(失活現象)이 일어나고, 70도 이상이 되면 대부분의 산화 효소가 소멸된다. 폴리페놀옥시데이스는 강력한 내열성을 가지고 있어서 활성을 완전히 잃게 하려면 온도가 75도 이상 되어야 한다. 따라서 제다 과정에서 효소 활성 중지 온도를 찻잎 온도 80도에 기준을 둔다. 이는 곧 단 시간 내에 찻잎 온도를 80도 이상으로 끌어올려야 산화 효소 활성을 제어할 수 있다는 말이다. 그러나 증청(蒸靑) 살청 외의 살청에서 산화 효소의 활성을 모두 제어하기는 어려워서 일반적으로 20% 정도의 잔류량을 보인다고 한다. 이는 대부분의 녹차가 보관 중 갈변하는 요인이다.

수제 덖음 제다 살청의 경우 찻잎 온도는 전적으로 솥 온도에 좌우되며, 생찻잎의 투입량 및 솥 안에 머무는 시간도 솥 온도에 따라 결정해야 한다. 대개 1kg의 생잎을 살청할 경우, 솥 온도 220도 정도에서 5~6분 정도의 시간이 적당하다.

차의 3대 성분 중 아미노산(테아닌)은 온대 지역 소엽종 찻잎에 많이 들어있다. 테아닌은 찻잎에만 들어있는 아미노산 성분으로서 뇌파를 외부 자극 반응 파동인 베타(β)파에서 내성적 명상 상태의 파동인 알파(α)파로 진정시켜 주는 효능을 발휘한다. 이러한 테아닌의 효능은 카페인의 각성(覺醒) 효능과 더불어 뇌파를 깊은 명상시의 '적적성성(寂寂醒醒)' 상태로 유도하여 차 명상을 통한 다도 수양을 가능하게 해 준다. 이 두 성분은 카테킨의 심신 활성화 효능과 함께 차를 '심신 건강·수양 음료'이게 하는 요인이다. 근래에 『타임』지가 선정한 '세계 10대 수퍼 푸드'에는 녹차가 들어있으나 한국인들이 열광하는 보이차는 들어있지 않다. 녹차에는 차의 3대 성분이 가장 잘 보전돼 있어서 녹차를 '심신 건강·수양 음료'로서 기능하게 하기 때문이다. 테아닌은 단백질 발효에 작동하는 미생물 효소에 의해 발효·분해되므로 황차나 흑차(보이차) 계통의 차로 갈수록 함유량이 줄어든다. 이러한 차들은 '심신 건강·수양 음료'로서의 기능이 극히 약해 단순한 '기호식품'으로 분류된다.

카테킨과 테아닌의 관계에 대해, 테아닌이 강한 햇볕을 받으면 카테킨으로 변한다고 알려져 있다. 따라서 햇볕이 강한 아열대 지역인 중국 운남성과 복건성 등지의 찻잎은 카테킨이 많아서 카테킨이 쉽게 산화되는 성질을 이용한 산화차 계통 제다에 유리하다. 중국에 청차, 홍차, 흑차 등 산화 발효차 계통의 차 종류가 많고, 차가 '기호식품'으로 인식되어 수양론적 다도보다는 기예(技藝) 위주의 다예(茶藝)가 발달한 이유라고 하겠다. 이에 비해 햇볕이 약한 한국과 같은 온대 지역의 관목 소엽종 찻잎은 그나마 적은 카테킨 성분을 보전해야 하므로 녹차 제다에 알맞다. 뿐만 아니라 온대 소엽종 찻잎엔 테아닌이 아열대 교목 대엽종 찻잎보다 많이 들어있으므로, 온대 소엽종 찻잎으로 만든 녹차는 건강 음료와 수양 음료로서의 가치가 높다고 할 수 있다. 즉 온대 소엽종 찻잎으로 만든 녹차는 '심신 건강·수양 음료'로서 모든 차류의 대표라고 할 수 있다. 한국 녹차가 중국 녹차보다 향과 맛이 뛰어난 이유이기도 하다. 요즘 일부 수제차 제다 농가에서 테아닌 성분 함량이 특장점인 한국 찻잎으로 테아닌을 분해·유실시키는 보이차 만들기 흉내를 내는 짓은 무분별한 보이차 맹종 사대주의가 빚는 웃픈 촌극이라고 할 수밖에 없다.

차의 3대 성분 중 하나인 카페인은 커피 등 여러 식물 음료에 두루 들어있는 성분으로서 각성 효능을 발휘한다는 사실이 널리 알려져 있다. 그런데 차의 카페인은 커피의 카페인과 달리 중독성이 적다. 차의 카페인은 카테킨 및 테아닌 성분과 길항작용(拮抗作用)을 일으켜서 몸 안에서 적정량만 흡수되고 나머지는 배출되는 것으로 알려져 있다. 차 카페인의 중요한 역할은 앞에서도 말했듯이 테아닌의 뇌파 진정 효능과 더불어서 각성(覺醒) 효능을 발휘하여 차 명상(다도 수양)에 있어서 최적 상태인 '적적성성(寂寂惺惺)'의 단계에 이르기를 돕는 것이다.

차의 '3대 성분' 논의는 한국 차와 차문화, 그리고 한국 차 제다의 나아갈 방향에 대해 지침을 준다. 즉 그것은 『다경』을 저술한 당나라 육우를 비롯하여 조선 시대의 이덕리, 다산, 초의에 이르기까지 선대의 차인들이 왜 녹차를 선호하고 녹차 제다법을 궁구(窮究)했으며, 왜 역대 차인들이 녹차를 마시고 차시(茶詩)를 통해 '득도의 경지'를 읊었는지를 설명해준다. 강조하자면, 앞에서도 살펴보았듯이 한국 찻잎은 아미노산(테아닌) 성분이 많은 온대 관목 소엽종 찻잎이어서 비교적 적은 티폴리페놀 성분 보전 및 풍부한 아미노산 성분 활용을 위해 녹차 제다를 지향해야 하며, 한국 찻잎의 녹차는 이런 성분의 효능으로 인해 다도 수양에 유리한 '심신 건강·수양 음료'로서의 정체성을 지녀야 한다는 것이다.

15

한국 다도 정신은 '중정(中正)'이 아니다.

　바른 차 생활을 위해 바르게 알아야 할 차 생활 관련 용어 중 하나가 '중정(中正)'이다. 한국 차 학자와 차인들 대부분은 한국 다도 정신이 무엇이냐고 물으면 "중정!"이라고 망설이지 않고 대답한다. 한국차학회 회원들에게 물어봐도 그럴 것이고 "초의차" 외치며 이를 명리 추구의 기틀로 삼는 '초의차 숭배자'들 100%가 더욱 그렇게 생각할 것이다. 그런 사람들은 차 정신을 기리고자 하는 진정한 차인이 아니라, 다른 목적으로 "초의차"를 읊어대는 차 장사꾼이라고 보는 게 맞을 듯하다.

　한국 다도정신 '중정'은 1977년 1월 15일에 사천 다솔사에서 한국차도회가 창립되고(회장에 효당 최범술 스님 옹립), 그때『동다송』의 '중정'을 근거로 하여 채택된 것으로 전해지고 있다. '중정'이란 이름의 모태일 동아시아 사상에 대해 어떤 사람들이 얼마나 깊은 학술적 토론이나 고찰을 통해 무슨 목적을 위해 그렇게 선언까지 하기에 이르렀는지는 정확히 알 수 없다. 중정은 『관자』라는 책에 통치자(임금이나 황제)의 통치술에 관한 덕목을 가리키는 용어로 나오고, 역(『주역(周易)』)에서 양·음 자리이자 상·하괘의 중간 자리(中)인 5번째와 2번째 효자리에 각각 양·음효가 들어 있어서, 제 자리(中)에 맞는 효가 정상적으로 있다(正)는 의미로 쓰이는 말이다. 또 "중정이 있다."는 말은 사람(리더급)이 정상적인 사고와 행동을 하는 경우를 일컫는 것이다.

한국 다도 정신이 중정이라는 것은 한국 전통차는 '초의차', 한국 전통 제다법은 '초의 제다법'이라고 하는 말과 맥을 같이한다. 초의를 "한국 차의 성인"이라 칭하고, 성인이 되는 근거를 찾다 보니 초의가 지은 『동다송』을 "한국 차를 칭송한…" '경전(經典)'급으로 격상시키게 된 것이다. 『동다송』에 초의가 '다도'를 말하는 대목에 되풀이되어 나오는 '과중실정(過中失正)' 또는 '중정불과건령병(中正不過健靈併)'과 같은 표현을 줄여 그렇게 '선언'한 것 같다. '과중실정(過中失正)'은 "(차를 우릴 때) 찻물과 차의 양적 적절함이 지나치면(過中) 다신이 구현되는 정상적인 차탕이 될 수 없다(失正)"는 의미이다. 그런데 '과중실정(過中失正)' 등 초의가 『동다송』에 인용한 '다도' 관련 말들은 대부분 『다신전』에 나온다. 『다신전』은 명나라 장원이 쓴 『다록』의 요점을 책 이름만 바꿔 그대로 옮겨 놓은 것이니, 따라서 '중정'을 다도 정신이라고 한다면 그것은 중국 다도 정신일 것이다. 즉 중정을 한국 다도 정신이라고 하는 이들은 다도 정신 사대주의자들이라고 할 수 있겠다.

중정은 앞에 말한 대로 차를 우려내는 방법이다. 즉, "차를 우릴 때 차의 양과 물의 양이 서로 알맞아야 정상적인 차탕이 될 수 있으니 차와 물 어느 한쪽이 과부족 없도록 주의하라(정성을 다하라)"는 당부이다. 그런데 이 "정성을 다하라"는 당부의 의미는 초의의 '다도' 규정인 "채진기묘 → 조진기정 → 수득기진 → 포득기중"의 네 구절 모두에 들어있다. 따라서 한국의 다도 정신 또는 초의의 다도 정신은 '성(誠)'이라고 하는 게 적절하다. 성은 『중용』에 나오는 성리학의 최고 이념이다. "차를 우릴 때 차와 물의 양을 적절히 하라"는 것보다는 "찻잎을 따서 차를 만들고 좋은 물을 골라 차탕을 우려내기까지 정성을 다하는 과정에서 성(誠)의 정신적 의미를 깨닫고 몸에 베이게 하자"는 것이 한국 다도 정신에 더 적합하지 않겠는가. 다도 정신이라는 게 차 생활을 하면서 얻게 되는 정신적 자세일 터이니 말이다.

또 다른 측면에서도 『동다송』의 다도 정신이 성(誠)임을 알 수 있다. 초의는 『동다송』 발문에서, 정조의 사위 홍현주가 다도에 대해 묻기에 무릎을 꿇고 옛사람의 글을 빌려 지어 바치니, 혹시라도 잘못이 있으면 가차없이 꾸짖어 달라고 했다. 성리학을 통치이념으로 삼고 유가 사상에 조금이라도 어긋나면 "사문난적"으로 몰아부치던 시대에 왕가의 일원이 다도 정신이 뭐냐고 물었을 때 불가의 이념인 '공(空)' 또는 '초의차' 계승자임을 자처

하는 박동춘 동아시아차문화연구소 소장처럼 '차삼매(茶三昧)'라
고 했겠는가, 아니면 성리학의 최고 이념인 '성(誠)'이라고 해야
했겠는가?

정작 초의의 불가적 다도 정신은 초의가 추사 동생 산천 김명
희에게 보낸 시 「봉화산천도인사차지작(奉和山泉道人謝茶之作)」
에 나온다. 그것은 '무착바라밀(無着波羅蜜)'이다.

초의 선사

16

『다신전(茶神傳)』 표절?
초의의 콜럼버스적 발견!

  한국 차 학계와 차계에서는 초의가 1830년 『다신전』을 쓴 일이 1837년의 『동다송』 저술 및 한국에서 덖음 제다법이 시작된 계기가 되었다는 것으로 『다신전』 초록(抄錄)의 의미를 정리하고 있다. 그러나 이러한 평가는 지극히 표피적이고 의례적인 것으로, 당시의 상황에서 『茶神傳(다신을 전함)』이라는 의미심장한 책 이름을 붙인 내력과 '다신전'이라는 이름이 한국 차문화의 진전에 던져줄 암시를 파악하지 못한 겉치레에 불과하다. 즉, 『다신전』 초록은 한국 제다사와 차문화사는 물론 세계 제다사와 차문화사에 있어서 '다신(茶神)'의 정체와 중요성을 발굴해 낸 전무후무한 역사적 발견이자 획기적 사건이라고 할 수 있다.

  달리 말하면, '다신전'이라는 작명은 초의의 『다록』 '표절'에서 유일하게 표절이 아닌 창의적 산물이다. 또한 차에 대한 별다른 인식이 없던 여건에서 베껴 적는 와중에 '다신'의 중요성을 감지

했다는 점은 차문화사적으로나 초의의 차 인식 과정에서 간과할 수 없는 일이다. 그렇다면 초의가 '다신'의 중요성을 파악하게 된 경위와 다신의 의미 및 그것이 초의의 차 인식에 미쳤을 영향, 그 영향이 『동다송』 저술로 이어지는 맥락 관계를 살펴볼 필요가 있겠다.

『다신전(茶神傳)』은 1830년 대흥사의 승려 초의가 하동 화개골 끝머리 칠불암에서 명나라 장원(張原)이 지은 『다록(茶錄)』의 요점이 청나라 모환문(毛煥文)이 엮은 『만보전서(萬寶全書)』에 「다경채요(茶經採要)」라는 이름으로 실린 것을 베낀 것이다. 초의는 『다신전』을 쓰게 된 내력을 『다신전』 발문(跋文)에 적어 놓았다.

"戊子雨際 隨師於方丈山 七佛啞院謄抄下來
更欲正書 而因病未果
修洪沙彌時 在侍者房 欲知茶道 正抄 亦病未終
故禪餘 强命管城子成終
有始有終 何獨君子爲之
叢林或有趙州風 而盡不知茶道 故抄示可畏
庚寅中春 休菴病禪 雪窓擁爐 謹書"

무자년(1828) 비 올 즈음 스승의 뜻에 따라 방장산 칠불아원에서 등초(謄抄)하여 내려왔다.

다시 정서(正書)를 하고자 하였으나 병으로 인해 결실을 맺지 못하였다.

수홍이 사미 시절 시자방에서 다도에 대해 알고자 하여 정초(正抄)를 시도하였으나 수홍 역시 병으로 마무리하지 못하였다.

이런 연유로 참선하는 여가에 붓을 들어 힘들여 완성하였다.

시작이 있으면 끝이 있음을 어찌 군자만이 지키겠는가?

총림에는 조주풍이 있으나 힘써 다도를 알지 못하기에 외람되이 초록하는 바이다.

경인(1830)년 봄 휴암 병선이 눈 오는 창가에서 화로를 끌어안고 삼가 쓰다.

위 글에서 "총림에는 조주풍이 있으나 힘써 다도를 알지 못한다"라는 대목은, 훗날 '초의차' 숭배자들이 "한국 차문화의 중심"이라고 내세우는 절간에서 초의 당시 중들이 차를 마시기(조주풍)는 했지만 다도(차를 만들고 보관하고 우려내는 일)를 애써 알려고 하지는 않았다는 말로서, 중들이 차를 마시기만 했지 제다 등 찻일에 대해 관심이 없었다는 의미로 읽힌다. 또한, 초의 역시 다도(찻일)를 몰랐다는 의미로 해석할 수 있다. 이러한 이유로 초의가 제다법 등 다도를 알리기 위해 『다신전』의 원본인 『다록』의 '다도' 항목을 '다위'라는 이름으로 『다신전』에 외람되이 옮겨 적은 내용은 아래와 같다.

조시정(造時精), 장시조(藏時燥), 포시결(泡時潔), 지차이다도진의(至此而茶道盡矣). 차를 만들 때 정성을 다하고, 저장할 때 건조하게 하고, 우릴 때 청결하게 하면 다도가 다 된 것이다.

그런데 초의는 왜 '다도(茶道)'를 '다위(茶衛)'라는 말로 바꾸었을까? 차의 무엇을 보위한다? 『다신전』 첫머리 '채다(採茶)' 항에 차에 들어있는 '신(神)', 즉 다신의 중요성을 설명하는 말이 나온다.

채다지후(採茶之候) 귀급기시(貴及其時) … 지즉신산(遲則神散)… 찻잎을 따는 철은 그 시기가 가장 중요하다. 늦으면 신(神)이 흩어진다.

초의가 '다도'를 '다위'로 바꾼 내력의 일단을 엿볼 수 있는 대목이다. 이 외에도 차에 들어있는 신(茶神)을 강조하는 말은 수 없이 나온다. 이를 모두 간추려보면 초의가 '다신'의 중요성을 파악하게 된 경위와 다신의 의미, 그리고 그것이 초의의 차 인식에 미쳤을 영향과 『동다송』 저술로 이어지는 맥락을 이해할 수 있다.

먼저 『다록(茶錄)』(또는 『다신전』)에서 '다신(茶神)' 또는 신(神) 자가 붙는 말이 나오는 항목을 살펴본다.

① 채다(採茶) – 『다신전』맨 앞 제2행 '遲則神散(찻잎을 너무 늦게 따면 신이 흐트러진다)'

② 조다(造茶) – 마지막 행 '神味俱疲(신묘한 맛이 사라진다)'

③ 변다(辨茶) – '鍋乘神倦(솥이 식으면 신이 가라앉는다)'

④ 탕용노눈(湯用老嫩) – 제6행 '元神始發也(원래의 다신이 비로소 발한다)'

⑤ 포법(泡法) – 5행 '礭熱則茶神不健(탕관의 물이 너무 익으면 다신이 건강하지 않고)' * 바로 앞 '不則減茶香矣(다관을 청결하게 하지 않으면 차향이 줄어든다)'의 '차향'이라는 말에 대비적으로 나옴으로써 다신의 발현이 차향임을 암시함.

⑥ 음다(飮茶) – 1행 '獨啜曰神(혼자 마시기를 神이라 한다)'

⑦ 향(香) – 3행 '雨前神具曰眞香(곡우 전 다신을 구비한 것을 진향이라 한다.)'* 또 차향(茶香)의 동의 개념으로 등장한다.

⑧ 품천(品泉) – 1행 '茶者水之神…, 非眞水莫顯其神…(차는 물의 정신 … 참다운 탕수가 아니면 다신을 드러낼 수 없다)'

* '茶者水之神…'은 '水者茶之體(물은 차의 몸체)'의 대비 개념으로 등장한다.

※ 그러나 마지막 '다도(茶道, 茶衛)' 항에는 나오지 않는다. 이 밖에 神의 하부 개념인 기(氣) 및 그 연관어들도 보인다.

당시 다산 수하에서 한창 학구열이 치솟던 초의의 눈에 위와 같은 대목이 번쩍 띄었을 것이다. 채다는 제다의 전 단계이니 '조시정'이라는 말은 제다에서 정성을 다하라는 말인데, 채다에서 신(神)이 흩어지지 않게 딴 찻잎을 제다에서도 그 신이 잘 보전되도록 정성을 다하라는 뜻이겠다. 이런 맥락에서 초의는 정조 사위 홍현주가 "다도가 뭔가?"라고 묻자, 그 답으로 "옛사람의 말을 빌려 쓴"『동다송』에서 다도는 '채진기묘 조진기정 수득기진 포득기중… '이라고 자신의 견해를 강하게 밝혔다.

즉『다신전』에서 제다를 '造時精(제다시 정성을 다한다)'이라고 한 대신『동다송』에서는『다신전』의 '채다' 항목까지 '다도'에 넣어서 '採盡其妙 造盡其精. 찻잎 딸 때 '다신의 활력(妙)'을 보전하고 제다시 찻잎의 그 정기를 최대한 보전하고… 라고 하면서 妙와 精 앞에 정관사 其를 붙여 특별히 강조하였다.

이처럼 초의는 다도에서 차의 품질과 덕성의 상징인 다신을 보전하는 일과 그 다신을 차탕에 구현하는 일이 중요함을 강조하였다. 즉, **"다도(제다-장다-포다)는 다신을 보전하여 전하는 일"임을 강조하기 위해 남의 책을 외람되이 베껴 옮기면서 책 이름을『茶神傳』이라 명명한 것이다.** 찻 일의 나머지는 그 차를 마시는 일인데,『동다송』제67항~제68항에

惟許白雲明月爲二客(유허백운명월위이객) 오로지 흰구름 밝은 달 두 손이 되도록 하여, 道人座上此爲勝(도인좌상차위

승) 도인이 좌상하신 이곳이 절경이로다.

라고 자연을 벗하여 홀로 마시는 찻 자리의 경지를 표현한 뒤, 주석에 『다신전』의 '음다(飮茶)' 항을 인용하여 다신의 중요함을 강조하는 '독철왈신'을 첫째로 하는 '음다지법'을 소개하였다.

   초의는 『동다송』 발문에서도 저술의 이유를 "해거도인 홍현주가 다도가 무엇인지를 물어왔기 때문"이라고 밝혔다. 또한, 그 질문에 대한 답을 『동다송』 제60행 주석 "評曰…"에서 역시 '다신의 보전 및 전함의 중요성'을 담은 '채진기묘 조진기정 수득기진 포득기중…"이라고 하였다.

   초의가 이처럼 『다록』에서 말한 '다신'의 의미를 터득하여 『다록』 복사본의 이름을 『다신전』이라고 하고 그 의미 맥락을 『동다송』 저술에 이을 만큼 동아시아 사상 본체론인 기론(氣論)에 입각한 철학적 차론(茶論)으로써 차를 대한 데 비해, 오늘날의 차 학자와 차인들은 『다신전』과 『동다송』에 나오는 '다신' 해석에 있어서 그들이 누리는 명성의 손톱만큼도 초의를 따라가지 못하고 있다. '초의 다맥' 계승자임을 자처하는 동아시아차문화연구소 박동춘 소장, 일지암 암주를 지낸 승려로 초의차문화연구원장 명성 등으로 각종 차 행사를 주무르다시피 하고 있는 여연, 역시 승려로서 여연에 앞서 일지암 암주를 지내고 '초의병차'로 전통식품명인 칭호를 얻어 (주)초의차를 운영하고 전남 무안 초의 생가터 '성역화' 사업을 주도한 승려 용운, 『새로 쓰는 조선의 차문화』와 『한국의 다서』 저자로서 차 학계와 차계에서 성가를 올리고 있는 한양대 정민 교수, 『동다송』 열강으로 유명한 원광디지털대 차학과 송해경 전 교수 등이 그러하다.

예컨대 『동다송』을 비교적 상세히 해석했다고 할 수 있는 용운의 『고월용운 역주(古月龍雲 譯註)』에서는 『동다송』의 "평왈 '채진기묘~포득기중'…" 대목을 다음과 같이 풀이하고 있다.

초의 선사가 평해서 말하기를, "차를 따는 것은 그 현묘(玄妙)함을 다해야 하고, 만들 때는 그 정성을 다해야 하며, 물은 그 참된 것(眞水)을 얻어야 하고, 차를 끓이는 데는 그 중정(中正)을 얻어야 한다."

위에 언급된 다른 이들도 모두 '채진기묘 조진기정'을 "차를 딸 때 묘를 다하고, 차를 만들 때 정성을 다하고"라고 해석한다. 여연과 박동춘은 2023년 각각 『여연스님의 동다송 이야기』와 『초의선사의 다도 연구』를 새로 냈는데 두 책에서 모두 그렇게 구태의연하게 해석했다.

17

『다신전』·『동다송』편·저술의 국보적 가치

한국 차학과가 있는 대학과 대학원에서 차를 가르치는 교수들이나 차 담론을 주도하는, 이른바 차 명망가들이 한국 차문화사에 끼치는 가장 나쁜 영향은 『다신전』과 『동다송』의 내용을 오역할 뿐만 아니라, 두 책의 편·저술 의미 및 그것이 한국 차문화사에 끼치는 영향을 간과하고 있다는 것이다. 내가 여기서 굳이 '차 학자'라고 하지 않고 '한국 차학과 교수들'이라고 하는 이유는, 대학(대학원) 차학과에서 차를 가르치는 교수들 대부분의 전공이 차가 아니라 중문학, 식품영양학, 한문학, 농학 등 차 주변학 또는 차와 무관한 것이어서 그들을 바로 차 학자라고는 할 수 없기 때문이다. 이는 한국 차학이 정립되지 못하고 있는 이유이자 한국 차문화가 이론적으로 심각하게 왜곡되고 있는 이유이기도 하다. 예컨대 청태전과 뇌원차 복원(?) 해프닝도 이런 요인, 즉 차학과 교수이면서 제다사와 제다의 중요한 원리를 전혀 이해하지 못하고 있다는 데에 기인한다.

한국 차계에서는 초의를 '한국 차의 성인'이라고 한다. 이는 물론『다신전』과『동다송』편·저를 두고 그럴 것일진대, 그들은 막상『다신전』은『동다송』저술의 전초 작업 정도로,『동다송』은 "한국차(東茶)를 칭송한 책"이라고 초의가 황당해 할 주장을 한다. 물론『동다송』에서 명나라 제다법(덖음 제다) 등『다신전』의 내용을 많이 인용했으니『다신전』편저가『동다송』저술의 전초 작업이라는 말이 전적으로 틀린 것은 아니다. 그러나 초의는『동다송』발문에 "옛사람의 말을 빌려…"라는 말을 강조하다시피 써 놓았다. 이덕리의『동다기』등 여러 문헌을 인용했다는 말이니『만보전서』에 나오는 명나라 장원(張原)의『다록』요점인 '다경채요'를 베껴『다신전』을 엮은 일만이『동다송』저술의 전초 작업이라고 할 수는 없겠다.

다시 말하자면 한국 차(학)계에서『다신전』편저의 의미가 과소평가 내지 엉뚱하게 해석되고 있다는 것이다.『동다송』에 대해서도 마찬가지다.『동다송』의 원 이름은『동다행』이다. 초의가 홍현주에게 부친 편지에 이렇게 나와 있다.

근래에 변지화 편에 다도를 물으셨기에 마침내 옛사람이 전한 뜻에 의거하여 조심스럽게『동다행(東茶行)』한 편을 지어 올립니다.

정조 사위 해거도인 홍현주가 진도 부사 변지화를 통해 초의에게 다도가 무엇인지를 물었고, 초의가 이에 대한 답변으로 '동다행'을 지었다는 것이다. 여기서 '동다행'은 동쪽의 찻일(行茶) 곧 동쪽의 다도를 말한 것임에 밑줄을 그어놓자.

『다신전』이 어떤 내력으로 엮은 어떤 책인지도 초의가 쓴 『다신전』 발문에 잘 나와 있다.

총림에 조주풍은 있으나 애써 다도를 알지 못한다(알려고 하지 않는다). 이에 두려움을 무릅쓰고 베껴 적는다.

여기서 알 수 있는 것은 『다신전』과 『동다송』 모두 다도에 관한 책이라는 점이다. 이는 한국 차문화사가 순수 다도에 관한 책 편·저술 면에서 『다록』에 적은 것 외에 '다도'에 관한 관심이 적었던 동시대 중국이나 불가 다도에 정치적 색채를 입혀 세속화하려던 일본 차문화사에 월등히 앞섰음을 보여준다. 그럼 『다신전』과 『동다송』에서 말한 다도가 각각 어떤 것인지, 초의의 차 인식이 두 책 편·저술을 통해 어떻게 발전하여 어떤 다도관에 이르게 되었는지 살펴보자.

초의가 『다신전』 발문에서 "총림에서 (중들이) 애써 다도를 모른다(알려고 하지 않는다)"고 지적하며, 『다신전』에 소개한 다도(이른바 『다신전』의 '茶衛')는 '조시정(造時精) 장시조(藏時燥) 포시결(泡時潔)'이다. 이는 "차를 만들 때 정성을 다하고, 보관할 때 습하지 않게 하고, 우릴 때 청결하게 하라"는 뜻이다. 또한, 초의가 『동다송』 제60행 주석에서 "평왈(評曰. 총평하여 설명하자면)…"이라는 말로써 밝힌 다도는 '채진기묘(採盡其妙) → 조진기정(造盡其精) → 수득기진(水得其眞) → 포득기중(泡得其中)'이다. 즉 "찻잎을 딸 때 찻잎에 든 다신의 활성(妙)이 보전되게 정성을 다하고, 차를 만들 때 찻잎에 든 물질적인 정기가 다치지 않게 정성을 다하고, 차탕 우릴 물은 차의 다신을 잘 받아낼 물을 골라서, 차와 물의 양이 상호 과부족하지 않도록 정성을 다한다"이다.

여기서 『다신전』 다도의 '조시정…'에서 『동다송』 다도의 '채진기묘…'로의 변화 추이를 주의 깊게 살펴보아야 한다. 우선 『다신전』 다도는 차를 만들고 보관하고 우리는 방법이다(제다-장다-포다). 그런데 『동다송』 다도는 찻잎을 정성스럽게 따서 차를 잘 만들고 좋은 물을 골라 차를 이상적으로 우려내는 방법이다(채다 → 제다 → 품천 → 포다). 『동다송』 다도에서는 '장다(藏茶)'가 빠졌고 채다와 품천이 새로 들어갔다. 또 제다에서도 『다신전』의 '정(精)' 대신 '기정(其精)'이라 하여 정관사 '기(其)'를 붙여 '정(精)'을 강조하였다. 뿐만 아니라 '채진기묘'에서 '포득기중'에 이르기까지 목적어 모두를 '기(其)'로써 강조하였다. 두 '제다' 항목에서 볼 수 있듯이 '조시정'과 '조진기정'에서 '정'과 '기정'의 의미는 각각 '정성(精誠)'과 '물질적 정기(精氣)'라는 의미로 해석됨으로써 전혀 달라진다.

이러한 추이를 보면, 초의는 『다신전』 편저에서 책 이름을 '다신전(茶神傳: 다신의 의미를 전하다)'이라 명명하며, 찻 일에서 '다신'의 중요성을 강조하였다. 그는 덖음 제다법으로 직접 제다 실천을 한 지 7년 뒤, 『동다송』을 저술하면서 '다도' 규정에 다신의 보전(채다와 제다에서)과 다신을 차탕에 구현하여 심신 수양에 활용하는 것(품천과 포다에서)이 곧 '다도'임을 천명하였다. 다시 말하면, 초의의 다도는 '채다 → 제다 → 품천 → 포다'의 일련의 과정이 다 포함된 것으로서 다신을 보전하여 차탕에 구현하고 심신에 이입시키기를 준비하는 과정이다. 여기에서 체득되는 가치 지향적 정신 자세 또는 이념은 다도의 모든 과정에서 "정성을 다하라"고 한 초의의 주문 및 성리학이 주류였던 시대적 정치적 상황으로 볼 때 성리학의 최고 이념인 '성(誠)'이라고 해야 한다.

Ⅱ

차계와 차 학계의 구악 적폐청산,
한국 차 부흥의 선결 과제

1

국민 혈세 탕진,
21세기 한국 차문화의 어떤 자화상

초의 생가(?). 멀리 보이는 건물은 보제루

나는 2024년 7월 27일 무안의 초의 생가 유적지에 다녀왔다.
오래전 대흥사 일지암에서 나간 ○○이라는 중이 무안군으로부터 국·도비 수백억 원(들리는 말로는 650억 원 또는 850억 원이라고)의 예산을 받아 초의 선사 생가터를 차문화 유적지로 개발, 복원했다는 이야기로 알려진 곳이다.

한국 차문화사에서 다산의 중량에 비해 초의가 차지하는 무게로 보아 그의 생가터에 수백억 원의 국민 혈세를 쏟아부어 개발 복원할 가치가 있느냐의 여부는 차치하고, 거액을 들인 차 관련 국가적 사업(2023년 하동국제차엑스포에 지원된 국비는 42억 원)이 현재 그 가성비에 맞는 성과를 내어 한국 차문화 발전에 기여하고 있기를 바라는 마음은 한국의 차인이라면 마땅히 가져 볼 만한 소망일 것이다.

그러나 기대는 큰 실망을 넘어 충격에 가까웠다. 근거도 없이 상상만으로 지었을 법한 조립식 비슷한 초의 생가는 '초의(艸)衣)'라는 당호를 걸친 채 초라한 세 칸 짜리 초가로서 주역이 아닌 양념격 조연으로 앉아 있고, 그 옆에 그 용도를 알 수 없는 '보재루'라는 난데없는 누각이 여느 사찰이나 궁궐 안에서 볼 수 없는 상상 초월 규모의 2층 목조 한옥 건물로 초의 생가를 위압하며 서 있다. 이것이 한국 차문화나 선승인 초의의 생가와 도대체 무슨 관계가 있는가?

그 위쪽, 거대한 한옥 터로는 적합하지 않은 급경사지에 지어진 '초의 선원'은 십수 년이 지나도록 거의 사용되지 않은 듯하다. 그 위쪽에는 처마 흙이 곰팡이 투성이로 마루에 떨어져 내릴 정도로 관리가 부실한 '조선차역사박물관'이 있다. 아래쪽에는 "차를 베푼다(施茶院)"는 간판이 붙어 있지만, 차 한 톨도 보이지 않고 방문객을 귀찮아하는 표정의 관리인 두 명이 관리사무실로 사용 중인 건물이 자리하고 있다. 이외에도 초의 기념관, 선다원 등 용도와 목적이 불분명한 건축물들이 자리 잡고 있다. 수백억 원의 '눈먼 돈'을 쏟아부어 명분만 내세워 지은 듯한 이 건축물들은 지금 제대로 관리되지 않아 찾는 이가 거의 없고, 앞으로도 막대한 유지 관리비를 필요로 할 것으로 보인다.

이제 지자체의 국부 탕진 사례를 해당 지자체장 임기 후에도 감사하여 부정·비리 사례에 대해서는 책임자(당시 지자체장 및 사업비 받아 사업을 시행한 자, 기획안 심사자들 포함) 사후 문책 및 변상 제도를 시행해야 한다. 지금까지 해마다 얼마나 많은 국가 재원이 '눈먼 돈' 되어 먹튀들 먹잇감으로 사라졌을까? 지금도 똑같은 먹튀를 꿈꾸는 '꾼'들이 일부 종교계를 포함한 도처에 도사리고 있을 것이다. 어떤 젊은이들이 아예 먹튀 전문팀을 꾸려 시골 지자체에 폐가 리모델링 먹이 사냥을 다니는 모습도 보인다.

초의 생가터 사업이 한국 차문화 발전에 기여하지 못하고 있다면, 이를 목격하고 있는 무안의 내로라하는 차인과 차 학자들이 침묵해서는 안 된다. 무안에는 지자체 예산을 받아 차 관련 사업을 추진하는 데 전문성을 발휘하는 차 학자와 차인들이 유독 많았다. 장흥 청태전과 보성 뇌원차 복원(?) 프로젝트에서 주도 역할을 한 ㅈ아무개 전 목포대 교수가 있고, 그의 동료 차학과 교수들이 국립목포대 대학원 국제차문화학과와 국제차산업문화연구소에서 활동 중이다. 또 국립순천대 지리산권문화연구원이 한국연구재단에서 18억 원의 사업비를 받아 '전통 제다 데이터베이스화' 사업을 하고 있는데, 그곳 연구 멤버로 있는 ㄱ아무개 씨가 무안에 살면서 '한국전통문화산업개발원'이라는 간판을 내걸고 있다.

대학에서 차를 가르치거나 연구하는 차 학자라는 이런 사람들이 초의 생가터 사업의 황당한 모습을 날마다 지나다니며 보면서도 양심에 가해오는 타격을 감지하지 못하거나 애써 눈 감고 있다면, "초록은 동색"이라는 비판을 피하기 어려울 것이다. 그들이 문제의식이나 비판 정신이 마비된 채 차 관련 사업이나 행사 기획으로 국민 혈세인 국·도비나 지자체 예산을 확보하는 데만 몰두하고 있다면, '제2의 초의 생가 사업' 사례와 다를 바가 무엇인가? 눈앞의 중병엔 애써 눈감고, 무슨 염치로 뜬구름 잡듯 초의차, 초의 발효차, 청태전, 뇌원차… 를 논하고, 또 무슨 속셈으로 '전통문화산업 개발'을 들먹이는가 말이다.

2

청태전, 뇌원차, 고려단차,
청자다기 복원?

한국 차문화의 혁신인가 시대착오적 망동인가.

나는 한국 전통 차문화 복원 운동 차원에서 한국의 보이차 맹종주의 및 청태전, 뇌원차, 고려 단차, 청자 다기 복원(?)을 비판하고 있다. 청태전 '복원'은 국립목포대 국제차문화산업연구소의 일부 교수가 전남 장흥군 예산을 받아내서 한 일이고, 뇌원차 '복원' 역시 그들이 청태전 복원 노하우의 연장선에서 보성군 예산으로 수행한 사업일 것이다. 고려 단차와 청자 다기 복원이란 (사)동아시아차문화연구소 박동춘 소장이 사단법인 기부금으로 한 일일 것이다.

결론부터 말하자면, 청태전, 뇌원차, 고려단차, 청자 다기 복원(?)은 완전한 복원 자체도 불가능하며, 복원할 가치조차 없는 일이다. 국민 혈세를 쏟아부어 복원해서는 안 되는, 한국 차문화를 크게 퇴보시키는 시대착오적 넌센스라고 할 수 있다. 그 이유는 이렇다.

청태전처럼 찻잎을 쪄서 절구에 짓찧어 떡으로 만든 뒤 말린 떡차류는, 한마디로 당나라 시대의 차로서 중국에서는 발전된 제다법이 등장하면서 차로서의 가치가 평가절하되어 명대(明代) 이후 폐기된 것이다. 떡차는 살청을 하였으니 차 종류로서는 녹차이다. 그런데 짓찧어 이겨서 떡으로 만들어 말린 이유는 당나라 시절 포장지가 마땅치 않아서 보관과 운반 편의상 그렇게밖에 할 수 없었던 탓이다. 즉 떡차는 증기 살청을 거쳤으므로 원래 사람들의 녹차 선호성에 맞춘 차였다. 청태전이라는 이름도 그 차가 녹차였거나 건조 과정에서 푸른 곰팡이가 슨 모습을 보고 붙인 것일 수 있다. 그러나 이 짓이겨 뭉갠 떡차는 건조 미흡으로 차가 지닌 카테킨이 산화 갈변돼 버렸다. 당나라 육우가 지은 『다경』 '4. 찻그릇' 항에 "차탕의 색을 녹색에 가깝게 보이게 하므로 월주요 청자를 선호했다"라는 대목이 나온다. 당시 사람들이 녹차를 선호하였기에 떡차(형태)가 녹차(차 종류)였음을 말해주는 동시에, 연록 탕색이 변하지 않는 현대 녹차 시대에는 청자 다기의 필요가 없으며, 청자 다기 복원은 무모하고 무지한 행위임을 보여주는 대목이다.

보성군과 목포대 국제차문화산업연구소가 복원했다는 뇌원차는, 이 차 복원 관련 연구보고서의 "관련 기록이 없어서 중국 기록을 참고하여 장님이 코끼리 다리 만지는 식으로 만들었다"는 말에서 이 사업의 의도와 목적, 수행 과정상의 불순한 정도를 가늠할 수 있다. 보고서에서는 또 "녹차는 보관에 문제가 있고 떡차류가 유행이니 떡차 쪽으로 방향 전환을 해야 한다"고 '녹차 수도' 보성에 권하면서, 뇌원차 복원 사업 또는 뇌원차 생산을 계속할 것을 주장하고 있다. 그러나 뇌원차가 "황제가 마신 만병통치약…"이라고 주장하면서도 막상 뇌원차의 성분이나 효능에 관한 설명은 없다. 이는 관련 기록이나 자료가 전무하기 때문이다.

위 연구보고서의 내용을 보면, 폐기된 옛차 복원이라는 게 얼마나 황당무계하고 주먹구구식인지 알 수 있다. 그럼에도 불구하고 이런 일을 계속하고자 하는 의도는, 지자체의 실적주의 명분을 허구적 논리로 채워주며 국민 혈세 예산을 따내기 위한 것임을 짐작할 수 있다. "떡차류가 유행…"이라는 '새마을운동 야시장식' 주장에서는 보이차 맹종주의의 기승에 무분별하게 편승하고자 하는 무지를 읽을 수 있다. 이는 떡차(餠茶)와 보이차(團茶), 카테킨 산화차와 테아닌 발효차를 혼동하고 녹차와 산화발효차의 특성과 차이를 모르는 것으로서 한국 내로라하는 일부 차 학자와 차인들의 '무식하여 용감함'을 드러내는 장면이라고 할 수 있다.

청태전과 관련해서는 일제강점기 때 총독부의 일본인 농림 관료와 학자가 쓴 『조선의 차와 선』에 "나쁜 차… 지금은 마시지 않는다…"라는 대목이 나온다. 내가 청태전 문제를 제기하자, 한 장흥 사람은 "조상 대대로 마셔온 훌륭한 차를 일본인 말만 듣고 폄훼한다."며 화를 냈다. 그러나 조상과 유물을 숭배하는 것과 학술적 진실에 대한 견해를 표명하는 일은 명확히 구별되어야 한다.

흔히 지자체 실적주의 사업의 명분 획득 과정이 그렇듯, 대학 연구소의 학술 연구 결과가 청태전과 뇌원차 복원 명분이라면, 그 연구보고서에서는 청태전이나 뇌원차를 복원하여 계속 생산해야 할 가치가 무엇인지에 초점을 맞춰 학술적으로 분석·설명하는 대목이 핵심이어야 한다. 그저 "옛것은 좋은 것이여~"라는 식의 주장이라면 일정한 이론 체계를 갖춘 학술적 주장이라고 할 수는 없고, 막연히 국민 혈세 탕진 행태를 거들어 주는 짓에 불과하다. 앞에서 말했듯이 청태전과 뇌원차는 차의 원조이자 선진국인 중국에서는 차로서 가치가 없어서 일찍이 폐기된 차다. 한국에서는 이름만 있을 뿐, 성분이나 효능 등에 관한 기록이 전무하여 중국 기록을 빌려 복원한 듯 흉내 낸 떡차에 불과하다. 따라서 이를 복원해야 할 마땅한 이유를 학술적으로 설명하기는 어려웠을 것이다.

고려 단차와 청자 다기 복원이라는 것도 마찬가지다. 고려 단차 복원도 관련 기록이 없어서 중국 쪽 기록을 참고했다고 한다. 이는 중국 송대 용단승설과 같은 단차(團茶) 형태의 연고녹차를 복원했다는 것이리라. 앞서 언급한 뇌원차도 송대의 기록을 참고로 했다고 했으니, 고려 단차라는 것과 비슷한 차일 것이다. 송대 연고녹차는 차의 진액을 짜고 찧어 덩이로 만들어 말린 뒤 황실에 공납한 차였다. 중요한 성분인 진액을 짜냈으니, 차의 본질을 중시하기보다는 차(또는 차 격불시의 흰 거품)를 완상(玩賞) 품으로 취급한 황실의 기호에 맞추려는 의도로 만들어진 차라고 할 수 있다.

그래서인지 박동춘 소장은 고려 단차를 백차라고도 한다. 황실 완상품으로서의 송대 단차는 명태조 주원장이 '민폐'를 이유로 제조 금지 칙령을 내리면서 명대 덖음 녹차로 대체되어 사라지게 되었다. 이는 고려 단차 복원이 왜 시대착오적이며, 한국 차문화를 퇴보시키는 일인지를 설명해준다. 청자 다기 복원의 무지몽매함에 대해서는 앞에서 『다경』 '4. 찻그릇' 항에서 말하는 월주요 청자다기 선호 이유를 들어 밝힌 바 있다.

장흥군이 복원(?)했다는 청태전.

보성군과 목포대 국제차문화산업연구소가 복원(?)했다는 뇌원차. 청태전과 마찬가지로 카테킨 성분이 산화 갈변된 떡차에 불과하다.

그렇다면 고명한 차 학자 또는 차인이라는 이들이 왜 이런 일을 하고 나설까? 앞에서도 잠깐 언급했지만, 이유는 둘 중 하나라고 생각한다. 고명에 걸맞게 한국 차문화 발전이나 제다 원리에 대해 고민이나 연구를 깊이 있게 하지 않아서 차에 관해 무지하거나, 회자될 만한 사업을 통해 오로지 자신의 이름을 부각시켜서 사익으로 연결 짓는 '명리(名利) 추구'를 위해서이거나.

3

'차 명인'과 '전승공동체', 엇박자로 상쇄 효과 내는 국가 시책

'차 명인'은 농림축산식품부(옛 농림부)의 '전통식품명인 지정 제도'의 산물이고, '전승공동체'는 국가유산청(옛 문체부 산하 문화재청)의 무형문화재 전승 정책에 나오는 용어이다. 차 명인 제도는 차를 농산 식품으로 보고, 제다 분야의 특정 전문 기능인을 명인으로 지정하여 지원하는 것이고, 전승공동체는 제다를 무형문화재(기·예능)로 보고 농식품부의 명인에 해당하는, 이른바 '인간문화재(기·예능 보유자)'로서의 특정인을 지정하지 않고, 다수가 참여하는 제다체를 '전승공동체'로서 지원하는 것이다.

여기에서 똑같은 차(와 제다)를 두고 국민 혈세를 집행하는 한 정부의 두 기관이 각기 다른 정책을 시행함으로써, 정책의 일관성 문제와 함께 제다와 차의 개념 및 그 발전 방향에 혼선을 초래하는 문제가 생긴다. 차 명인 지정 제도와 차 명인에 해당하는 제다 분야 인간문화재를 지정하지 않는 '전승공동체' 개념은 서로를 상쇄시키는 역효과를 발휘하는데, 제다와 차가 다도라는 차원 높은 차문화를 규정하는 일차적 문화 현상이라고 볼 때, 차 명인 제도의 역기능이 더 크다고 할 수 있다.

전통식품명인 지정 제도의 취지는 '전통 식품 제조 기능을 계승·발전시키자는 것'이고, 차 명인 제도는 차를 농산 전통 식품으로 보고, 그런 전통 식품으로서의 차를 만드는 기능을 계승·발전시키기 위한 제도라고 할 수 있다. 현재 차 명인으로 지정된 사례는 수제 녹차, 우전차, 죽로차, 초의차·초의병차, 황차·말차, 작설차 등 6종목이다. 그런데 이 6개 차 명인 종목의 이름을 보면 차 명인 지정이 얼마나 주먹구구식인지 알 수 있다.

위 우전차부터 작설차까지의 항목은 제다 방식과 차 종류로 보자면 황차만 빼고 모두 수제(제다 방식) 녹차(차 종류)에 해당한다. 우전차는 우전 찻잎으로 수제 녹차를 만든 것이고, 죽로차는 대밭 찻잎으로 수제 녹차를 만든 것이고, 초의차는 다른 차들과 마찬가지로 초의 제다법(덖음 제다)으로 만든 수제 녹차이고, 말차도 수제 녹차를 가루로 만든 것이고, 작설차는 우전 찻잎(작설)으로 만든 수제 녹차이다. '수제 녹차 명인' 한 가지 종목을 이름만 다르게 붙여 명인 수를 늘려놓은 것이나 다름없다. 또 황차와 초의 병차는 차 학계에서 그 존재 여부와 정체성이 불명확하여 전통 식품이라고 규정할지에 대해 합의된 결론이 없다.

차 명인 지정 제도에서 전통 식품의 계승·발전을 위해 하는 일은 주로 홍보 등 차 명인으로 지정된 사람을 상업적으로 지원하는 것 외에 눈에 띄는 게 없다. 최근 한국 차가 사양길에 접어든 점을 고려하면, 차 명인 지정을 통한 상업적 지원이나 홍보도 별다른 효과를 내지 못하고 있는 것으로 보인다. 더구나 차 명인 지정이 한국 차의 질을 향상시키고 제다 기능을 계승·발전시키는 데 기여하고 있다는 증거는 찾아보기 어렵다. 차 명인 지정 제도가 홍보 지원을 통해 차 명인의 상업적 이익을 북돋워준다는 것도 차를 상품화하고 상혼을 부추기는 측면이 있어서 차문화를 전통문화로서 전승·진작시키고자 하는 국가유산청의 '전승공동체' 지원 취지와 배치된다.

국가유산청이 '전승공동체'라는 개념으로써 차문화 정책을 추진하는 이유는 2016년 '전통 제다'를 국가무형문화재 제130호로 지정하면서 밝힌 '지정 사유'에서 찾을 수 있다.

전통 제다는 한반도 남부지방의 차 산지에 기반을 두고 다양한 방식과 형태의 차 제조 기술이 공유·전승되어 현대에도 적용되고 있다는 점에서 중요 문화재 '전통 제다'는 특정 보유자나 보유단체를 인정하지 않음

국가유산청이 제다 분야 인간문화재(제다 기능 보유자)를 인

정하지 않는 실제 이유는, 문화재로서의 제다 기능의 우열을 가릴 기준이 없을 뿐 아니라, 기존 인간문화재 지정이 불러일으키는 잡음을 고려한 것으로 보인다. 인간문화재로 지정되면 국가로부터 영구적으로 매월 지원금을 받을 뿐만 아니라, '인간문화재'라는 명칭에 막대한 권익이 따른다. 문화예술계에서는 인간문화재로 지정받기 위해 온갖 로비가 벌어지고, 이 과정에서 비리가 발생할 여지가 있어 뒷말이 무성해지기 쉽다. 그런데 국가유산청의 제다 인간문화재 지정 불가 방침에도 불구하고, 최근 '초의차' 관련 인간문화재 지정 추진 움직임이 집요하게 진행되다가 반대에 부딪쳐 수그러진 형세에 있다.

농식품부의 차 명인 지정 제도를 국가유산청의 전승공동체 운영과 비교해 볼 필요가 있다. 차 명인 지정은 희망자가 구비 서류를 갖춰 신청하면, 서류 심사와 지자체의 엉성한 현장 실사를 통해 이루어진다. 즉, 전수 조사를 하거나 공개 경쟁 절차를 거치는 것이 아니다. 더 자질이 있어도 절차를 몰라 신청을 하지 않으면 차 명인이 될 수 없고, 일정한 자격만 갖춰 서류를 잘 꾸며 올리면 현란한 페이퍼웍만으로도 차 명인이 될 수 있다. 제다 기능을 직접 검증하는 절차나 검증 기준도 없다. 이는 "전통 제다는 다양한 방식과 형태의 차 제조 기술이 공유·전승되어 현대에도 적용되고 있다는 점에서, 중요 문화재 '전통 제다'는 특정 보유자나 보유단체를 인정하지 않음"이라는 국가유산청의 인간문화재 불인정 사유를 무색하게 한다.

농식품부의 이처럼 허술한 차 명인 지정 제도는 차의 문화적 속성과 본질을 무시하고, 차를 농산 식품으로만 보고 상품화하여 차에 대한 상혼과 차 상업주의를 불러일으킬 수 있다는 점에서 우려를 낳는다. 차 학과를 둔 대학과 대학원에서는 교과 이름은 물론 '국제차문화산업연구소'와 같은 차와 차문화를 산업화·상업화하는 데 목적을 둔 연구소가 개설되고 있고, '한국전통문화산업개발원'(전남 무안)과 '한국차문화산업연구소'(서울)처럼 차 산업화·상품화를 목적으로 하는 민간단체들도 잇따라 간판을 내걸며 막무가내로 차의 산업화·상품화를 주장하는 추세다. 이런 추세는 차 명인 지정 제도에서 볼 수 있듯이, 차를 농산 상품으로만 인식하고 각종 지원을 하는 농식품부의 '차 상업주의'에 편승하고자 하는 것이 아닐까? 차의 본말 구별을 도외시한 주객전도 현상은 오히려 한국 차문화와 그것에 기반한 차 산업의 쇠망을 앞당길 수 있다.

국가유산청은 2023년부터 농식품부의 '차 명인'에 해당하는 '전승공동체'를 지원하는 전승공동체활성화지원사업을 실시하고 있다. 그러나 사업 시작 연도부터 2025년까지, 연 3년 동안 실시됐거나 사업 실시 대상으로 선정된 전통 제다 분야 전승공동체활성화지원사업 내용을 보면 차 명인 지정 제도 못지않은 시행착오를 거듭하고 있다. 가장 눈에 띄는 문제는 지원 사업 대상 선정 심사의 허술함이다. 예를 들어 보자.

2023년과 2024년에 연이어 지원 대상으로 선정된 전남의 ○○

○ 전통차문화원은 '제다 전승공동체활성화지원사업'이라는 플래카드를 내걸고, '○○산 1,000년의 차문화 역사'라는 학술 세미나, '다정한 밤'이라는 서양 음악회, '차밭길 걷기와 탁족차회' 등의 행사를 열었다. '○○산 1,000년의…'는 논거가 희박한 주제로써, 이 사업체의 지역 연고적 기득권을 강화·홍보하는 내용이었고, '다정한 밤'과 재배 차밭을 걷고 군중이 계류에 발을 담그며 찻잔을 띄워 마시는 '차밭길 걷기와 탁족차회'는 '전통 제다'와는 무관하거나 전통 제다의 정체성을 훼손하는 것이었다.

2025년도 전통 제다 분야 '전승공동체활성화지원사업' 대상으로는 '제다 문화 조사와 교육을 중심으로 하는 유네스코 세계유산 선암사 차-울력 전승공동체 및 제다법 활성화 사업'이 선정됐다. 이 사업 선정의 문제점에 대해서는 '**13 전남 차 산지 오도된 학계(차계)의 조작성 차 이벤트 – 선암사 차 울력?**'에서 상술한다.

4

다산이 다산에 들어가
'다산'이라 한 이유는?

다산 정약용

    양심 있는 차인이나 차 학자라면, 지금 한국 차와 전통 차문화가 동반 쇠락해 가고 있는 원인 중 하나가 개인적 명리 추구에 매몰된 '초의차' 숭배자들이 한국 차문화를 왜곡시키는 과도한

'초의차 내세우기'라는 사실을 부인하지 못할 것이다.

한국 전통차는 초의차, 한국 전통 제다법은 초의 제다법(덖음차 제다법)이라는 게 한국 차 학계와 차계에서 정설로 통하고 있는 실정이니, 그렇게 생각하는 사람들이나 초의차 숭배자들은 오늘날 커피와 보이차에 밀려 한국 전통차가 쇠망해 가는 모습 및 그 전통차를 만들어내는 초의 제다법에 관해 책임 의식을 느껴야 마땅하다.

과도한 '초의차' 내세우기가 끔찍한 이유는 그 발밑에 한국의 진정한 전통차와 전통 제다법이어야 할 다산 제다와 다산차가 사장(死藏)되어 있다는 것이다. 한 예로, 1985년 '무공(無空)'(空은 '緣起'이니 무공은 연기가 아니라는 뜻인가?)이라는 호와 함께 응송 스님으로부터 받았다는 "無傳而傳 無受而受 無傳故眞傳 無受故眞受. 전함이 없이 전하고 받음이 없이 받는다. 전함이 없으므로 진정 전함이고 받음이 없으므로 진정 받음이다"라고 쓰인 '다도전게(茶道傳偈)'라는 것을 내세우며 '초의 다맥' 계승자임을 자증(自證)하고자 하는 박동춘 (사)동아시아차문화연구소 소장은 강진차문화학술대회와 같은 학술 모임 자리나 여러 글을 통해서 "다산 제다는 한국 제다사에 제시된 바가 없다"고 주장했다. 이는 곧 한국 전통차=초의차, 전통 제다법=초의 제다법(=초의가 『다신전』과 『동다송』에 소개한 명나라 덖음 제다법)이라는 공식이 한국 차계와 수제차 제다 농가들을 지배하게 되었음을 자부하는 말로 들린다.

학술회의 자리에서 "다산 제다법이 한국 제다사에 제시된 바가 없다"는 말을 당당히 하는 의도가 무엇일까? 단언하듯 내뱉은 말이고 더 이상의 설명이 없으니 정확한 의미를 알 수는 없다. 제다사 곧 제다의 역사에 제시된 적이 없다는 것이니, 한국 제다사에 공식적으로 기록되지 않았다는 말인가?

그런데 제다사란 국사편찬위원회와 같은 무슨 위원회 같은 것이 주체로서 토론을 거쳐 공식적으로 기록하는 것이 아니다. 제다사는 차계의 대중지성이 제다라는 문화 현상이 어떻게 펼쳐졌는가를 살펴본 결과, 자연스럽게 남겨진 기록들이다. 그 자료는 다른 기록들이 그러하듯 당시의 관련 기록들을 통해서 저절로 취합된다. 따라서 다산 제다는 다산(茶山)이라는 명백한 차 관련 명칭과 더불어 다산 정약용 선현이 남긴 '구증구포 단차 제다' 및 '삼증삼쇄 연고녹차 제다'에 관한 차시(茶詩) 및 편지와 함께 한국 제다사에 제시된 증거가 차고 넘친다. 또한, 다산이 초의에게 차를 가르쳤다는 주장(『새로 쓰는 조선의 차 문화』, 정민)도 있으니 "다산 제다가 한국 제다사에 제시된 적이 없다"는 박동춘 씨의 '차 학자적 단언'은 근거 없는 허언이자 다른 의도를 띤 발언이라고 할 수 있겠다.

나는 그 의도가 다름 아닌 '초의차'를 한국 전통차로, 초의 제다법을 한국 전통 제다법으로 내세워 그에 따른 명리를 얻고자 다산 제다와 다산차를 부인하는 것이라고 생각한다. 일각에서 초의차 관련 '인간문화재' 지정받기 작업이 추진되었으나 반대에 부딪혀 무산된 적이 있고, '초의병차'로 '전통식품명인' 지정을 받은 이가 있는가 하면, 전남 무안에는 거액을 쏟아부어(국·도·군비 650억 원 또는 850억 원을 들였다고 한다.) '초의 생가 터'에 총림 수준의 가람들을 앉혀 성역화한 곳도 있다.

이른바 '초의차'와 '초의 제다법'이 전적으로 초의가 창안한 차별성 있는 정체성으로써 한국 차(녹차)의 우수성을 담보하는 것이라면 '초의차' 부추기를 탓할 필요 없다. 그러나 앞에 말한 것처럼, 지금 한국 차(녹차)가 커피와 보이차에 밀려 자취를 감춰가고 있고, '녹차 수도'로서 한국 녹차의 자존심이자 상징처럼 여겨지고 있는 보성의 차인들과 목포대 '국제차문화산업연구소' 차학 교수들이 낸, 이른바 '뇌원차 복원 연구 보고서'에서 "녹차는 보관에 문제가 있으니 떡차 쪽으로 방향 전환을 해야 한다"는 주장까지 나올 지경에 이르렀다. 요즘 자취를 감춰가는 녹차, '보관에 문제가 있는 녹차'가 대부분 한국 전통 제다법으로 알려진 '초의 제다법'으로 만든 '초의차'류이다.

좋은 차 또는 좋은 녹차의 제다의 관건은 곧 '살청(殺靑)'의 문제로 귀결된다. 살청이란, 항산화 작용으로 우리 몸의 활력을 증진 시켜주는 생찻잎에 든 녹색의 티폴리페놀(주성분은 카테킨)을 완제된 차에 보전해 담기 위하여 찻잎에 열을 가해 찻잎 안에 있는 티폴리페놀 산화 효소의 작동을 정지시켜(섭씨 45도에서 그 활동이 가장 활발하고 75도 이상에서 정지된다) 티폴리페놀의 산화를 막기 위한 작업이다.

그러나 이 '살청'에 대해 유명 차인이나 제다인, 또는 차 학자들이 심각하게 오해하고 있는 점이 한국 차 품질 저하의 한 요인이기도 하다. 예컨대, 피아골에서 '혜우전통차제다교육원'을 운영하고 있는 승려 혜우는 "찻잎의 냉기를 없애(대중의 구미에 맞추)기 위해 살청한다"고 주장하고, 초의 다맥 계승자임을 자처하는 박동춘 소장은 '차의 냉기'를 독소라고 간주하며 "옛사람들은 차의 냉한 기질을 순화시켜 차의 좋은 점을 취하고자 했다. 바로 뜨거운 증기나 불에 찻잎을 익혀 차의 독성을 중화시킨 것이 그것이다"(2024년 3월 29일치 〈현대불교신문〉 '박동춘의 차 이야기- 7. 차를 즐기기 위한 조건')라고 주장했다. 이는 차인(제다인) 또는 차 학자라는 이들이 '심신 건강·수양 음료'로서의 차(녹차)의 본질과 정체성을 이해하지 못하고, 차를 단지 순간적인 말초 감각 충족용 '기호음료'로 폄훼하는 차 상업주의적 견해라고 할 수 있다.

"보관에 문제가 있는 녹차"란, 살청이 제대로 이루어지지 않은 탓에 쉽게 변질되어 향, 색, 맛이 떨어진다는 말이기도 하다. 곧 덖음 제다법의 취약점을 지적하는 말이겠다. 제주도에 유배 중이었던 추사는 한때 초의차를 받아 시음하고 "불기운이 과하여 차의 기운을 떨어뜨렸다"는 지적을 한 바 있다. 덖음 제다는 불기운 조절에 실패하면 겉이 타고 속이 설익기도 한다. 이를 두고 "청향을 잃었다"고 한다. 초의가 『동다송』에서 말한 찻 일의 '9난4향' 중 4향인 순향, 청향, 난향, 진향을 강조한 뜻이 덖음 제다에서 불기운 조절에 유의해야 한다는 점을 일깨우는 것이다.

다산이 다산에 들어가 호를 '다산'이라 짓고 제다에 전념하여 이루어낸 다산 제다의 함의는, 덖음 제다의 이러한 불기운 조절 문제를 해결하여 향·색·맛이 오롯이 살아있고 변하지 않는 진정한 녹차 제다를 창안해 냈다는 것이다. 즉, 구증구포는 비교적 큰 찻잎을 아홉 번씩 짧은 순간에 쪄내는 세밀한 살청법이다. 찻잎을 찔 때는 간혹 찻잎이 여러 장씩 포개져 있어서 고루 증기를 쐴 수 없다. 포개진 부분은 살청이 미흡하여 곧 산화 갈변되어 버린다. 이런 문제를 극복하기 위해 미세한 시간을 재어가며 찻잎 상태를 살피면서 구증구포를 실행하는 일은 실학자로서 창의성 넘치는 과학자 다산이 경(敬)과 성(誠)으로써 제다에 임했던 자세라고 할 수 있다.

또, 다산이 '삼증삼쇄'로써 연약한 우전 찻잎으로 최고급 연고녹차(다산차떡)를 만든 것은 다산 제다의 꽃이자 세계 제다사에 있어서 제다 노하우의 집대성이라 할 만한 일이다. 이는 당·송대의 연고녹차가 진액을 빼내는 방식이었던 점을 감안하면, 연고녹차 제다에서 녹차의 진수(眞髓)인 진액을 보존하면서 진액이 주는 지나치게 '떫고 쓴' 문제를 해결한 것으로 볼 수 있다. 이는 오늘날 일본 말차가 갖는 문제를 훨씬 오래전에 선도적으로 해결했다는 의미도 갖는다.

결론 삼아 돌이켜 생각해 보면, 요즘 한국 전통차(녹차)와 전통 차문화가 쇠퇴해 가고 있는 원인은 차 학자, 차인, 제다인들의 제다의 기본 원리(살청) 몰인식, '초의차'의 과도한 부각, 그리고 그에 따른 다산차와 다산 제다의 매장이라고 할 수 있다. 따라서 작금의 한국 차, 차문화, 차농, 차 산업의 위기 해법은 일찍이 그런 문제에 대한 통찰적 해법으로 다산이 창안해 제시해 놓은 다산 제다와 다산차를 되살려내는 것이다. 이것이 다산이 다산에 들어가 호를 '다산'이라 짓고, 진정한 한국 전통 제다와 탁월한 녹차로서 전통차를 창안해 후대에 전해준 취지와 목적일 것이다.

5

다산차 · 초의차, 병차(떡차) · 단차(덩이차), 녹차 · 산화차 · 발효차에 대한 오해와 진실 1

한국의 차 학자들이나 차인들이 그들의 중요한 책무임에도 불구하고 잘 모르거나 무관심하여, 또는 이기적인 목적 때문에 의도적으로 방치하고 있는 문제로서, 다산차와 초의차의 전통차로서의 정체성과 품질의 차이, 병차(떡차)와 단차(덩이차)의 형태에 대한 혼동, 녹차와 산화차 및 발효차류의 가치에 대한 착란 등이 있다.

한 예로, 전남 무안군 무안문화원에서 2024년 4월부터 8월까지 '발효 음식'을 주제로 강의 및 현장 견학 교육 프로그램을 운영했다. 여기에 '초의, 발효차를 말하다'와 '초의 스님의 떡차=단차 혹은 병차'라는 과목이 포함되어 있었다. 관에서 실시하는 차 관련 대중 교육에서 초의가 발효차(떡차)를 만들었다는 것과 떡차와 단차를 혼동하고 있다는 사실 등 두 가지의 근본적인 오류가 발견된다. 이는 무안이 초의 탄생지이고 초의가 차를 만들

없다는 사실을 바탕으로 차가 '발효 식품' 반열에 들 수 있다고 강변하여, '발효 식품'이 지원 품목으로 들어있는 국가유산청의 무형문화재 전승공동체활성화지원사업 지원금을 따내려는 의도로 한국 차문화사에 없는 '초의 발효차'를 조작해 넣은 것으로 보인다.

또한, 다산 다맥을 잇고 있다는 강진 이한영전통차문화원은 '월산홍차'라는 떡차를 만들어, 본래 녹차였던 '떡차'의 정체성을 아예 '홍차'로 바꿔버리는 일도 하고 있다. 차계의 이런 상업적 이기주의 탓에, 남도 차 산지 일대에서는 '발효 녹차'라는 희대의 제다 및 차 용어가 등장하고 있다. 이런 현상은 요즘 한국 전통 녹차를 밀어내면서 쓰나미처럼 밀려들고 있는 보이차 상업주의에 따른 보이차 맹종주의의 결과라고 생각한다.

다산차와 초의차의 구별

우선 다산차와 '초의차'의 차이에 대해서 말해보자.

다산차는 정약용이 유배 기간 동안 호를 '다산(茶山)'이라고 했을 정도로 차나무가 많은 강진 만덕산 아래 다산의 다산초당에 머물면서 제자들과 함께 만든 구증구포 단차 및 삼증삼쇄 연고 녹차를 말한다. 다산은 해배 후에도 제자들에게 '다신계'를 결성하여 계속 차를 만들고 더불어 시작(詩作) 공부를 하도록 했다.

구증구포 단차는 찻잎을 쪄서 햇볕이나 비교적 강한 불기에 말려 긴압 성형한(찻잎을 찧거나 가루 내지 않고) 단차(團茶)로서, 다산이 유배 기간 동안 직접 만든 차다. 다산은 장흥(당시에는 강진) 보림사 중들에게도 이 차 제다를 가르쳤고, 나중에 초의가 이 제다법으로 만든 '보림 백모'를 한양에 가져와 '전다 박사'라는 칭호를 받게 되었다. 이때 자하 신위 등 한양의 문사들은 이 차를 '초의차'라 불렀다.

삼증삼쇄 연고녹차는 다산이 해배 후 강진 제자 이시헌에 편지를 보내 만들어 보내도록 각별히 부탁한 차다. 이 차는 다산이 송대 용단승설류 고급 연고녹차 제다법(찻잎 찌기→진액 짜기→찻잎 가루 내기→성형→건조)을 한층 발전시킨 기법(찻잎을 세 번 찌고 말려서 카테킨 성분 연성화하기→마른 찻잎 가루 내기→물에 반죽하여 성형→건조)으로써 만든 최고급 가루녹차이다. 즉, 송대 연고차류가 제다 공정에서 진액을 짜내 차성(茶性)을 많이 잃게 한 데 비해, 이 차는 삼증삼쇄로 진한 차성을 완화하여 보존하는 방법을 취했다.

'초의차'란 위에서 말한 다산 제다법에 의한 구증구포 단차를 초의가 한양에 가져간 차(보림 백모)를 말한다(아래 범해의 시 '초의차' 참조). 또 훗날 초의가 『다신전』과 『동다송』을 쓰면서 명나라의 초배(炒焙, 찻잎을 덖어 말리는 제다)법을 소개한 이후 그 제다법에 따라 만든 '덖음차'(散茶)를 말한다. 보림 백모에 관해서는 범해의 시 '초의차'에서도 '단차'로 긴압 성형된 증청 녹차임을 알 수 있다. "죽순 껍질 속에 넣어 포장했다네/ 빈틈없이 잘 간직해 바깥바람 막으니/ 찻사발에 향기 가득하구나"라는 표현은 요즘 흔히 초의의 단차를 발효차(실은 카테킨 산화차)라고 착각하는 이들이 보고 깨달아야 할 대목이다.

초의차가 산화 또는 발효차였다면, 옛 떡차 제다에서 그랬듯이 굳이 잘 말려서 바깥바람을 막으려고 애써 포장할 이유가 없다. 1844년 추사가 초의에게 보낸 「우사선탑(芋社禪榻)」에는 "차 시절은 지났는데 몇 덩이나 만들었는가? 색과 향이 다 좋을 텐데, 더운 날씨에 부쳐오면 마침내 손상될까 걱정되니 반드시 재량하는 게 어떻겠는가?"라는 대목이 있다. 색, 향, 더운 날씨에 손상이라는 말은 녹차의 특성과 보존 문제를 지적한 것이다. 이밖에 「남차병서」(박영보)와 「남차시병서」(신위)에도 초의차를 '단차(團茶)'라고 했다. 초의도 이른바 '떡차'(실은 단차)를 "녹설아(綠雪芽)"라고 한 적이 있다. 이는 여린 녹색 잎 모양이 살아있는 고급 녹차라는 말이다.

단차(團茶, 덩이차)와 병차(餅茶, 떡차)의 구별

형태적 명칭인 단차와 병차의 구별을 말해보자. 단차는 찻잎이나 찻잎 가루가 형태의 개체성을 유지한 채 뭉쳐져 있는 형태적 특성을 두고 붙인 이름으로서, 찻잎이나 가루의 형태적 개체성을 잃고 떡으로 뭉개져 있는 병차(餠茶, 떡차)와는 형태는 물론 차로서의 특성이 다르다. 단차는 쉽게 변질되지 않는 녹차이고, 병차는 녹차로 만들었으나 건조가 미흡하여 카테킨이 산화됐거나 오랜 시간 보관 중 테아닌이 곰팡이 효소에 의해 분해된 것이다. 청태전을 '청태전'이라 부르는 이유는 처음 만들었을 때 녹차였기에 차 빛깔이 청태처럼 파랗게 보였기 때문이었을 것이다. 요즘 청태전은 일부러 산화차(발효차가 아닌)로 만들어 적갈색을 띠므로 "청태전"이라 이름 붙일 이유가 없다.

병차와 단차가 나오게 된 수순을 제다사적 관점에서 살펴보자면, 중국 제다사에서 당대의 병차(떡차)가 먼저 나오고, 당대 후기에 병차의 카테킨 산화 현상을 완화하고자 찻잎을 찌고 말려서 가루로 갈아 물에 개어 덩어리로 만든 연고차인 '단차(團茶)'가 등장하면서 '단·병차'로 이름이 섞여 쓰이게 되었다. 그러나 송대에 들어 진액을 짜내 카테킨 산화 문제(갈변 현상)를 조금 더 해결한 연고차가 나오면서, 차 이름에서 병차라는 말 대신 '단차'만 쓰이게 되었다. 북송 시대에 만들어진 '용단승설'이 그것이다.

이상의 내용을 간단히 정리하자면, '당대 떡차 – 송대 단차'이다. 몇 해 전 장흥군과 목포대 대학원 국제차문화산업연구소가 복원했다고 주장한 '장흥 청태전'은 인위적으로 산화 갈변시킨 '당대 떡차'류이고, 2022년 보성군과 목포대 대학원 국제차문화산업연구소가 용단승설 제다법이 나오는 중국 『북원별록』을 참고하여 "장님이 코끼리 다리 만지듯 복원했다"고 실토한 '보성 뇌원차'는 송대 연고 단차를 흉내 낸 듯하다. 그러나 진액 짜내기를 건성으로 하여 제다 도중 장흥 청태전처럼 카테킨이 산화 갈변된 것으로 보인다. 즉, 이것들은 완제된 차가 갈변된 다갈색이어서 송대 연고차에서 진액을 짜내는 이유와 원리를 잘 모르고 흉내만 낸 것으로 생각된다. 송나라 휘종이 쓴 『대관다론』을 보면, 단차 제다 과정에서 차 색깔이 산화 갈변되는 것을 지극히 경계하였다. 즉 차를 충분히 건조시킨 뒤 끓인 물에 한 번 담가 윤기를 낸 후에 밀폐된 방에 두고 급히 부채질을 하여 카테킨 산화 여지를 줄여, 차의 색이 자연스러운 빛을 내도록 하였다(김태연·한애란 지음, 『한중일 말차 문화』 2024, 이른아침, 72쪽). 아래의 자료를 더 보자.

범해 각안 스님이 지은 시 「초의차」

빈 솥에 정성스레 잘 볶아(덖어, 炒)/ 밀실에서 잘 말렸네/ 잣나무 틀에 네모나고 둥글게 찍어내어/ 죽순 껍질 속에 넣어 포장했다네/ 빈 틈 없이 잘 간직해 바깥바람 막으니/ 찻사발에 향기 가득하구나

추사 동생 산천 김명희가 초의가 우전차를 보내온 데 감사하는 시 「사차(謝茶)」

늙은 사람 평소에 차를 좋아하지 않아(老夫平日不愛茶)/ 하늘이 그 어리석음 미워해 학질에 걸리게 했네.(天憎其頑中瘧邪)/ 더워서 죽는 것은 두려울 것이 없지만 목말라 죽을까 걱정이라서(不憂熱殺憂渴殺)/ 급히 풍로에 차를 달이네.(急向風盧瀹茶芽)/ 연경에서 수입된 차는 가짜가 많은데(自燕來者多贗品)/ 향편이니 주란이니 하며 비단에 쌌네(香片珠蘭匣以錦)/ 좋은 차는 아름다운 여인과 같다고 들었는데(曾聞佳茗似佳人)/ 이것은 하녀와 같을 뿐만 아니라 추하기가 더욱 심하구나(此婢才耳醜更甚)/ 초의가 홀연히 우전차를 보내왔는데(草衣忽寄雨前茶)/ 마치 매 발톱 같은 찻잎, 죽피에 싼 귀품을 손수 풀었네(擇包鷹爪手自開)/ 울울함과 번뇌를 씻어주는 공효가 이보다 큰 것이 없고(消壅滌煩功莫尙)/ 차를 마신 효과가 어찌 이리 빠를 수 있는가.(如霆如割何雄哉)/ 노스님 차 가리기를 마치 부처님 고르듯이 하여(老僧選茶如選佛)/ 일창일기 엄격히 법도를 지켰네(一槍一旗嚴持律)/ 더욱이나 차 덖기, 정성을 들여 원통(圓通)함을 얻었으니(尤工炒焙得圓通)/ 향미를 따라 바라밀에 든다(從香味入波羅蜜)

위 시와 짝하여 읽어보면 녹차의 향미와 다도의 관계 및 초의의 다도 정신을 알 수 있는 시

「奉和山泉道人謝茶之作」

古來賢聖俱愛茶	예로부터 성현은 모두 차를 아꼈나니
茶如君子性無邪	차는 마치 군자 같아 성품에 삿됨 없다
人間艸茶差嘗盡	세상의 풀잎 차를 대충 맛을 다 보고서
遠入雪嶺採露芽	멀리 설령(雪嶺) 들어가서 노아차(露芽茶)를 따왔다네.
法製從他受題品	법제하여 품질을 잘 가려내서
玉壜盛裏十樣錦	옥그릇에 갖은 비단 감싸서 담았다네.
水尋黃河▨上源	황하의 맨 위 근원 그 물을 찾고 보니
具含八德美更甚	여덟 덕을 두루 갖춰 더욱더 훌륭하다.
深汲輕軟一試來	경연수 깊이 길어 한차례 시험하자
眞精適和體神開	참된 정기 마침맞아 체(體)와 신(神)이 열리누나.
麤穢除盡精氣入	나쁜 기운 사라지고 정기(精氣)가 들어오니
大道得成何遠哉	큰 도를 얻어 이룸 어이 멀다 하리오
持歸靈山獻諸佛	영산(靈山)으로 가져와서 부처님께 올리고
煎點更細考梵律	차 달임 더욱 따져 범률(梵律)을 살피었네
關伽眞體窮妙源	차의 진체는 묘원에 닿아 있고
妙源無着波羅蜜	묘원은 집착 없는 바라밀(수행길 또는 피안) 일세
嗟我生後三千年	아! 나는 삼천 년이 지난 후에 태어나
音渺渺隔先天	물결 소리 아득해라 선천(先天)과 막혔구나.

妙源欲問無所得　묘한 근원 묻자 해도 물을 곳이 없어

長恨不生泥洹前　부처님 열반 전에 나지 못함 참 한탄스럽네.

從來未能洗茶愛　이제껏 차 사랑을 능히 씻지 못하여서

持歸東土笑自隘　우리 땅에 가져오니 속 좁음을 웃어 본다

錦纏玉壜解斜封　옥그릇에 비단 둘러 빗긴 봉함 풀어서

先向知己修檀稅　지기(知己)에게 먼저 보내 단세(檀稅)를 바

　　　　　　　　치구려.

　　이밖에 초의가 제다할 당시 산화차나 발효차를 만들지 않았
을 것이라는 근거로, 조선 후기 초의 선사가 참여하여 대흥사
에서 열렸던 시회에서 나온 시들을 모아 엮은 「가련유사(迦蓮幽
詞)」가 있다. 2023년 국립광주박물관이 번역·출판한 이 시집에
'고저'(顧渚紫筍)라는 차 이름이 나온다. 고저는 당·송대에 중
국 절강성 호주시 장흥현 수구향 고저산에서 나는 우전 자색 찻
잎으로 만든 고급 녹차였다. 지금도 중국 명차로써 생산되고 있
다. 당시 중급 고급 녹차를 마신 기록을 남긴 초의를 비롯한 대
흥사 승려들이 산화 또는 발효 떡차를 만들었을 리 만무하다.
이상에서 알 수 있는 바와 같이, 옛 '초의차'는 다산의 증제법으
로 만든 잎녹차로서 형태는 단차로 긴압 성형한 것이었다. 요즘
말하는 '초의차'는 덖음 녹차이다.
　　정리하자면, 차·산화차·발효차에 대한 진실은 다음과 같
다. 차의 본질에 충실한 차 종류는 녹차이고, 산화차와 발효차

는 녹차 제다 과정에서 변칙적인 요인에 의해 우연히 발생한 차이다. 녹차가 카테킨 테아닌 카페인 등 차의 3대 성분을 가장 잘 보전하고 있다는 점에서 '심신 건강·수양 음료'라고 한다면, 이 성분들의 유실이 진전되고 있는 산화차(청차와 홍차류)와 산화·발효차(보이차 등 흑차류)는 단순히 말초 감각을 순간적으로 충족시키는 기호음료에 불과하다고 하겠다.

차의 정체성은 '심신 건강·수양 음료'일까, 단순한 '기호음료'일까?

요즘 한국 수제차 제다 농가와 차인들이 맹목적으로 보이차 붐을 좇아 산화차를 '발효차'로 착각하고 만들고 마시고 있다. 차의 주요 성분 유실이 갈수록 심해지고 있는 산화차와 발효차를 기호음료로 마시는 것은, 동아시아 사상 기론에 입각하여 수양 다도를 수행하고자 녹차를 '심신 건강·수양 음료'로서 마시는 진정한 차 생활과는 구별되어야 한다.

결론적으로, 다산차는 다산이 창안한 구증구포 단차(큰 잎)와 삼증삼쇄 연고녹차(여린 잎)를 말하고, 초의차는 초의가 『다신전』과 『동다송』에서 명나라 덖음 제다법을 소개한 후 그에 따라 만든 잎차를 말한다. 녹차·산화차·발효차는 제다 공정과 완제된 차에서 차의 3대 성분인 카테킨과 테아닌이 산화(카테킨)

또는 발효(테아닌)되지 않고 얼마나 보전되었는지를 기준으로 구분하는 차의 종류이다. 녹차 → 백차 → 황차 → 청차 → 홍차 → 흑차(보이숙병)로 갈수록 카테닌과 테아닌 양이 줄어든다고 보면 된다. 강조하자면, 떡차와 단차는 차의 형태를, 녹차·청차·홍차는 차의 성분 함량에 따른 차의 종류를 말한다. 떡차와 단차는 외모가 모두 덩이차의 외형을 가지지만, 내부 구성에 있어서 떡차는 찻잎 개체의 형태적 독립성이 없으며, 단차는 찻잎 또는 미세한 가루 형태의 개체적 독립성이 유지되어 있어서 물에 넣으면 그대로 풀어지는 특징이 있다.

보성 뇌원차를 복원했다는 목포대 국제차문화산업연구소와

구증구포 다산 단차(團茶).
쪄서 말린 잎 녹차(葉茶)를 덩어리로 긴압한 차여서 오래 두어도 갈변되지 않고 녹차성을 유지한다.
이때 '단차'는 차의 형태, '녹차'는 차의 종류를 가리키는 말이다.

보성차문화연구회가 연구보고서에서 "녹차는 보관에 문제가 있고, 떡차가 유행하니 보성 녹차도 떡차 쪽으로 방향을 바꾸어야 한다"고 한 것은, 단차이자 산화·발효차로서 보이차가 유행하는 것을 무분별하게 추종하자는 주장이다. 이는 단차와 떡차의 내부적 형태를 구별하지 못한 데다, 원래 떡차가 녹차였던 사실을 모르고 일부러 산화·발효시켜 만든 보이숙병과 같은 차를 만들자는 것이다.

6

떡차 · 단차 · 차떡 · 산화차 · 발효차 · 녹차 · 보이차에 대한 오해와 진실 2

『새로 쓰는 조선의 차 문화』 저자 한양대 정민 교수는 여러 편의 차 관련 글과 강연에서 다산차를 줄기차게 '떡차'라고 주장하고 있다. 그는 초의가 다산에게서 차를 배웠음을 전제로, 초의차도 떡차라고 주장하고 있다. 또 "초의차가 떡차"라는 데서 힌트를 얻어서인지, 어떤 발 빠른 승려는 농림축산식품부로부터 '초의병차 명인' 지정을 받고 초의차 관련 주식회사도 운영하고 있다.

보성군과 목포대 대학원 국제차문화산업연구소는 2022년 '고려 뇌원차'라는 것을 복원(?)했다고 홍보했는데, 뇌원차 복원 프로젝트 연구보고서에서 "녹차는 보관이 어렵고, 떡차가 뜨고 있어서…"라는 취지로 뇌원차 복원에 따른 권고를 하고 있다. 또 2024년 전남 무안군 무안문화원은 '초의 발효차'라는 주제의 강의 프로그램을 운영하였다. 그런데 이러한 일들은 진정성 측면에서 한국 차의 품질 향상과 차문화 발전에 목적이 있다고 보기 어렵다. 전례를 감안하여 판단하자면, 모두 지자체의 실적주의와 결탁하여 관련 행사를 벌이기 위한 예산을 받아내거나 국가유산청에서 실시하는 전승공동체활성화지원사업 지원금을 따내기 위한 준비로 보인다.

이러한 현상은 한국 차 학자들이나 차인 또는 제다 농가들이 차의 본질과 제다의 원리 및 차를 마시는 목적에 대해 무지하거나 고민하지 않은 결과로서 한국 전통차와 차문화인 녹차와 수양 다도를 더욱 매장하고 사라지게 하여, 자칫 한국 차농과 차산업을 붕괴시키는 결과로 이어질 수 있다. "녹차는 보관이 어렵고, 떡차가 뜨고 있어서…"라는 데서 알 수 있듯이, 녹차는 보관 중 카테킨이 산화·변질되니 처음부터 보관이 지속될 때까지 녹차를 산화가 잘되는 형태인 떡차로 만들자고 이율배반적인 주장을 하고 있다. 녹차는 보이차처럼 곰팡이 슬도록 보관해 두라는 차도 아니지만, 녹차의 보관이 어려우니 보관 문제를 해결하자는 게 아니라 아예 보관 중 변질이 잘 되는 녹차를 만들자는 주장이나 다름없다. 차의 본질 또는 차를 마시는 의미를 조금이라도 진지하게 생각하는 차 학자나 차인이라면 입에 담기 어려운 황당한 주장이 아닐 수 없다.

이러한 이유로 전통 녹차와 전통 차문화가 위축되거나 사양화될 수 있다는 우려는 여러 통계와 실제 차 시장에서 이미 현실로 입증되고 있다. 가장 큰 문제는, 이렇듯 한국 차 학자들이나 차인 또는 제다 농가들이 떡차·단차·차떡·산화차·발효차·녹차·보이차에 관해 차의 성분적 특성과 형태에 따른 차 종류 및 명칭을 혼동하면서, 한국 차 담론을 주도하는 일부 차 학자와 차 명망가들의 오도된 견해에 쏠리거나 차 상업주의에 무분별하게 편승하고 있는 것이다.

해마다 야생다원 현장에서 차를 만들고 있는 필자로서는, 책상에 앉아 글만 쓰는 일로써 차를 논하는 일부 차학 관련 교수들이 그런 주장을 하는 정황을 짐작할 수는 있다. 그러나 정민 교수의 경우, 위 책 외에 『조선의 다서』와 같은 명서를 낸 학자로서 차계에서는 그의 차 관련 발언이 꽤 영향력을 발휘하고 있기에, 그의 저런 발언들이 또 하나의 정설로 굳어지기 전에 바로잡혀야 한다고 생각한다. 또 같은 맥락에서 대부분의 '초의차' 숭배론자들의 '초의차'에 대한 근거 없는 "전통차" 또는 "초의는 한국 차문화 중흥조…"라는 따위의 주장도 배격되어야 한다고 생각한다.

다산차는 떡차가 아니다.

위 소제목의 취지에 따라 말하자면, 우선 다산차는 떡차가 아니다. 내가 여러 곳에서 말한 바 있지만, 구증구포로 만들어진 차는 단차, 삼증삼쇄로 만들어진 차는 연고녹차로서 형태는 역시 단차이다. 단차(團茶)는 찻잎이나 찻가루 형태를 그대로 유지하면서 긴압돼 덩어리 형태가 된 것이다. 반면, 떡차는 찻잎을 찌자마자 절구에 짓찧어 찻잎 형태가 뭉개진 채 덩어리로 만들어진 것이다. 단차는 찻잎이나 미세한 찻가루로서 긴압 성형되기 이전에 완전 살청 건조된 것이어서 녹차로서의 특성(색 향맛)이 오래 변하지 않는다. 떡차는 젖은 찻잎을 찧어 성형하여 건조 미흡으로 도중에 산화·갈변돼 녹차로서의 성분과 효능적 특성을 잃는다. 다산차는 찻잎을 쪄서 젖은 채 절구에 짓찧어 떡처럼 성형하여 건조가 미흡해 갈변된 '떡차(餠茶)'가 아니고, 찻잎을 여러 번 찌고 말려서 틀에 넣어 짓눌러(긴압하여) 만든 '단차(團茶)'로서, 녹차로서의 성질이 변하지 않는 고급 녹차이다.

증제(蒸製) 다산차와 초제(炒製) 초의차의 비교

초의차의 경우, 초의가 다산에게서 차를 배우던 초기(1830년 무렵)에 한양에 가져간 '보림 백모'와 같은 차는 다산차의 연장인 단차(團茶. 떡차가 아닌)였겠지만, 초의가 『다신전』과 『동다송』을 쓴 이후 직접 제다한 차는 떡차가 아닌 잎녹차(散茶)로서 형태는 단차(團茶) 또는 산차(散茶)였음이 여러 문헌 자료로 입증된다. 요즘 '한국 전통차'로서 초의가 부흥시켰다고 초의차 숭배론자들이 주장하는 차는 덖음 잎녹차이다.

위에 언급된 '뇌원차 복원 연구용역보고서'에서 "녹차는 보관에 문제가 있어서…"라는 말은 덖음 녹차인 초의차의 문제를 말하는 것이기도 하다. 여기에서 덖음(炒靑) 녹차인 초의차와 증제(蒸靑) 녹차인 다산차의 차이를 알 수 있다. 초청 방식이나 증청 방식 모두 카테킨 산화 효소의 작동을 열로써 중지시켜 녹색의 카테킨 성분이 잘 보전된 녹차를 만들기 위한 제다법이다. 그러나 초청(덖음) 방식에서는 살청이 완벽하지 못하여 장마철을 지나면 습기를 흡수해 차가 산화 · 갈변되기 쉽다. 그렇기에 다산은 살청이 완벽할 수 있는 증기 살청(증청) 방법을 취했고, 그것도 부족하여 찻잎 크기에 따라 구증(九蒸) 또는 삼증 보완을 더했을 터이다.

떡차와 단차의 차이와 구별에 있어서도 왜 그런 차를 만들었는지, 그 이유와 목적을 살펴보아야 한다. 떡차는 당나라 때 포장과 운반의 편의를 위해 그렇게 만들었다고 볼 수 있다. 그러나 떡차가 쉽게 갈변되는 현상을 막기 위해 당대 후기와 송대에 진액 짜내기와 찻잎 건조를 강조하는 과정을 거쳐 단차(團茶)가 나왔고, 이어 명대에 쉽게 갈변되지 않는 녹차로서 산차(散茶)가 나오게 된 것이다. 따라서 '초의 병차'니 '초의 발효차'니 하여 초의차 이름을 왜곡 · 이용하는 짓은 명리 추구 또는 상업적 목으로 한국 전통 차문화를 심각하게 왜곡시키고, 한국 전통 제다법을 후진시키는 일이라고 할 수 있다. 이런 맥락에서 보면 '초의 병차' 명인 지정은 농림축산식품부가 국가 시책으로써 한국 차문화 왜곡을 부추기고 있다는 지적을 받을 여지가 있다.

산화차와 발효차, 녹차와 보이차의 관계

산화차와 발효차, 녹차와 보이차의 관계에 대해서 생각해 보자. 이 문제는 요즘 한·중·일 동아시아 차 3국 중 중국과 일본에서는 잘 나타나지 않으나, 유독 한국에서 보이차 붐이 일면서 생긴 일이다. 용어 설명 측면에서 각 차의 성분 변화와 관련하여 말하자면, 산화차는 녹색의 카테킨 성분이 카테킨 산화 효소나 가수분해 등 화학 작용에 의해 산화되어 황색의 테아플라빈, 홍색의 테아루비긴, 흑색의 테아브로닌으로 변질·변색된 차다. 발효차는 테아닌 성분이 곰팡이 효소에 의해 발효·분해된 차다. 반면 녹차는 차의 3대 성분인 카테킨, 테아닌, 카페인이 가장 온전하게 보전된 차이며, 보이차(숙병)는 카테킨과 테아닌이 각각 오랜 기간 산화와 발효로 가장 심하게 분해·유실된 차라고 할 수 있다.

차 종류를 산화 및 발효의 기준에 따라 분류하자면, 백차는 약산화차, 녹차는 비산화·불발효차, 황차는 약산화·약발효차, 청차는 (약)반산화차, 홍차는 강산화차, 흑차(보이숙차)는 강산화·강발효다. 이에 따라 차의 어떤 성분이 어느 정도 산화 발효되었는지는 위에서 말한 산화 및 발효에 따른 카테킨과 테아닌 성분의 함량 변화와 유실에 따라 판단할 수 있을 것이다.

덧붙이자면, 반산화차인 청차를 습관적으로 '반발효차'라고 부르는 데서 산화차와 발효차 구별의 혼동이 생긴다. 청차는 카

테킨이 20%~30% 정도 산화된 지점에서 살청하여 산화가 정지
된 차이기에 '약산화차' 또는 '반산화차'라고 해야 한다. 이러한
상태는 테아닌 발효가 일어난 것이 아니므로 '발효차'라고 하는
주장은 근거가 없다.

차의 산화 및 발효와 관련하여 확연하게 구별되며, 성분 및 그
에 따른 효능 상 차이가 극명하게 드러나는 것은 녹차와 흑차(보
이차)의 경우다. 앞에서 살펴보았듯이 녹차는 차의 3대 성분이
가장 잘 보전된 차이며, 흑차로서 보이차는 차의 3대 성분 중 카
테킨과 테아닌이 장시간 산화와 발효로 인해 가장 많이 분해ㆍ
유실된 차다. 카테킨이 항산화 작용으로 몸의 활성 산소를 제거

단차(團茶)인 삼증삼쇄 다산 차떡(茶餠).
잎 형태를 유지한 채 덩어리로 긴압된 구증구포 다산 단차(團茶)처럼 미세한 가
루로서 내부 요소의 형태 개체성을 유지하고 있다.
카테킨 산화로 적(흑)갈색으로 변해 버린 떡차(餠茶)인 장흥 청태전이나 보성 뇌
원차와 달리 질좋은 가루 녹차로서 비취색 녹색을 유지하여 물에 풀리면서 "죽처
럼 마실 수 있다(다산의 말)".

하여 면역력 증진, 신체 활성 강화, 노화 방지 등의 효능을 발휘하고, 테아닌이 뇌파를 외부 자극파(베타파)에서 명상파(알파파)로 진정시켜 카페인과 함께 차 명상 수양 다도를 이루어주는 성분임을 감안하면, 무슨 목적으로 어떤 종류의 차를 마시는 것이 참다운 차 생활일지 알 수 있다.

덧붙이자면, 보이차 산지로 유명한 중국 운남성 보이시 사람들은 3년 이상 지난 보이차는 마시지 않는다고 한다. 이는 본래 녹차였던 보이차가 산화 및 발효로 변질되었기 때문일 것이다. 또한 녹차는 해를 넘겨 보관하지 말고 새해의 차가 나오기 전에 마시라는 말이기도 하다.

7 /

『가련유사』(迦蓮幽詞)의 유적(幽寂)한 가치와
가련(可憐)한 왜곡

독특한 옛 토속 문화 생생히 증언
"조선 차문화 중요 문헌" 견강부회

    2023년 국립광주박물관이 『가련유사』라는 조선 후기의 시회집을 번역·출판했다. 『가련유사』는 다산 정약용이 강진 유배 시절 길러낸 제자들의 모임인 '다산 학단' 멤버들이, 범 다산 학단의 일원이라고 할 수 있는 초의가 있는 대흥사에 가서 승려들과 함께 연찬(研鑽)하면서 지은 시 300수를 모은 것이다. '가련'과 '유사'는 각각 '절'과 '깊은 (산속) 이야기'를 의미한다고 하니, '가련유사'는 '깊은 산속 절 이야기'라 할 수 있다. 그러나 연대기적 역사 기록물이 아니라 당시 절 안팎의 인상적인 습속들을 유생(儒生)과 승려들의 눈으로 본 '풍류적 조망'이라고 할 수 있다.
    『가련유사』 번역은 (사)동아시아차문화연구소 박동춘 소장이 몇 해 전 국립광주박물관에 기증한 초의 선사 유묵 번역집 출간 사업의 일환이다. 이애령 국립광주박물관장은 발간사에서 "초 의 선사는 정통 제다법으로 잘 알려진 이른바 '초의차'를 완성하 여 쇠락하던 우리 차문화를 일으킨 인물"이라고 했다. 이는 '제 다법'과 '초의차'를 동일시한 것으로 보아 기증인 박동춘 씨의 말 을 그대로 옮기면서 실수한 것으로 생각된다. 그는 또 "기증받 은 자료 중에는 조선 후기 차문화를 상세히 알 수 있는 중요 문 헌 자료들이 다수 포함되어 있다"고 말하고 "앞으로도 이어질 박 동춘 기증 문화재 조사·연구 성과들이 우리 차문화의 원형을 찾아가는 데 유용한 자료로 활용되기를 바란다"고 했다. 이 역 시 박동춘 씨의 설명을 받아 적은 것으로 보인다. 이애령 박물 관장의 전공이 한국 차문화사나 제다는 아닐 것이기 때문이다.

『가련유사』에 나오는 '인상적인 습속'을 살펴볼 수 있는 말들로 는 도선암 고산천(孤山泉), 가련봉(迦蓮峰) 뒤 금수굴(金水窟), 치매(雉媒, 다른 꿩을 유혹하여 잡기 위해 길들인 사냥용 꿩), 벽응(碧鷹) 매사냥, 고저(顧渚), 맥우(麥雨)와 매우(梅雨) 등이 있다.

도선암 고산천은 이미 오래전 폐사된 도선암 터에 있는 샘에 관한 이야기로서, 일 년에 한 번 정월 대보름날 자정에 샘물이 천지 기운의 작용으로 뒤집어지면서 자정 운동을 한다는 샘이 다. 당시 보길도에 유배된 고산 윤선도가 사람들을 부려 떠다 마 신 샘물이라고 하여 '고산천'이라는 이름이 붙었다고 한다. 고산천 대목은 필자가 30여 년 전 한겨레신문 여행 전문 기자로서 '생명 긷는 샘물 여행' 취재로 확인한 셈이어서 감회가 남다르다. 가련봉 금수굴 금샘도 현재 해남 달마산 바위봉 밑에 있는 금샘과 금물 수맥을 같이하는 셈이어서 관심을 끈다. 이밖에 다른 꿩을 유인하여 사냥하는 치매 이야기도 토속 문화 역사상 처음 나오는 얘기라고 할 수 있다. 고저(顧渚)는 중국 절강성 고저산에서 나는 '고저자순'이라는 명차이다. 당시 일부 승려와 유생들이 중국 고급 차를 마시는 호사를 누렸음을 알 수 있게 해준다.

또 지금은 상상으로만 가능한 소설 같은 이야기로서 왜군들이 들어와 자고 간 이야기, 천불을 실은 배가 돛대가 부러져 표류하여 양의 뿔로 만든 등롱을 일본에서 가져오게 된 이야기, 참부처(眞佛)를 서양 배에서 얻은 이야기, 가련봉 뒤 금수굴(金水窟) 샘에 사시(9시-11시)에 금가루가 물에 떠서 도인(道人)이면 그 기운을 알 수 있다는 이야기 등이 있다. 이 밖에 신(神), 석기(石氣) 천기(天氣) 등 기론(氣論)의 용어들도 다수 등장하여 당시 지식층의 철학적 기반이 동아시아 사상 기론이었음을 알 수 있다.

그러나 시 300수 중에 차에 관한 말과 문구로는 고저 외에 차관(茶串), 다가(茶家), "산에 널린 찻잎 중에서 창기(槍旗)를 따서/공양 후 죽로에 법에 맞게 불을 피우면…" "차사발에 물결이 일고…" "돌화로에 새로 끓여 차 연무를 모으네…" 등 단 여섯 대목이 단편적이고 간헐적으로 나온다. 이는 당시 승려들이 단지 절에서 차를 마셨다는 것, 더 간절히 추론하자면 "산에 널린 찻잎 중에서 창기(槍旗)를 따서/공양 후 죽로에 법에 맞게 불을 피우면…"이라는 대목에서 승려들이 생찻잎을 화롯불에 달여(煮茶) 마셨음을 알 수 있다. 이 가운데 초의가 말한 것은 단 한 마디도 없다. 또 앞에 말했듯이 '고저'와 관련해서는 당시 일부 승려와 유생들이 중국 고급 차를 마시는 호사를 누렸음을 알 수 있게 해준다.

그렇다면 이애령 국립광주박물관장이 말한 "조선 후기 차문화를 상세히 알 수 있는 중요 문헌 자료들" 또는 "우리 차문화의 원형을 찾아가는 데 유용한 자료가 될 것"이라는 근거는 무엇인가? 그 근거로서 가장 먼저 중요한 사업으로 발간한 번역서의 차 관련 내용이 이 정도라면 이 박물관장의 말은 자료와 자료 기증자 그리고 초의에게는 '과공비례'에 해당하고, 국립광주박물관으로서는 학술적 사실을 무시한 자기 업무의 지나친 자화자찬이 아닌가 생각된다. 국가 학술연구기관이나 차 명망가들의 차 관련 학술적 언급은 엄밀한 자료와 팩트에 근거해야 차학이나 차문화 발전에 도움이 된다. 막연한 추론이나 과대망상적 자기 과시는 학술적 사실의 왜곡을 초래할 뿐이다.

이런 행태가 관례일 수도 있지만, "앞으로도 이어질 박동춘 기증 문화재 조사·연구 성과들이 우리 차문화의 원형을 찾아가는 데 유용한 자료로 활용되기를 바란다"는 이애령 국립광주박물관장의 말은 허무맹랑하게 들린다. 비록 자료 기증자의 자화자찬성 과장 발언을 따라 한 것이라고 양해할 수도 있지만, 그런 사정을 모르는 이들이나 관심을 갖는 차인들에겐 국립 학술 연구기관의 장(長)으로서 학술적 진지함을 결여한 실언(失言)이 아닐까?

『가련유사』

8

차학의 본령 외면,
차 산업화 · 상업화로 돌진하는 한국 차학계

 한국 차, 차문화, 차 산업을 병들게 하는 요인 중 하나로 한국 차 학자와 차인들이 '심신 건강 · 수양 음료'로서의 차의 본질과 정체성을 모르거나 무시하고 막무가내 저지르는 차 상품화 · 산업화 및 그것에 대한 국가와 지자체의 실적 제일주의 예산지원을 들 수 있다. 이런 '차 상품화 · 산업화 행태'는 지향성 없는 마구잡이식 일회성 양상을 띤다. 굳이 유일한 지향성이 있다면 그것은 차 행정 담당 정부 기관과 지자체의 지원금 타내기라고 할 수 있겠다.

 우선 한국 차 학계가 차의 정체성과 차문화의 본질 또는 어떻게 품질 좋은 차를 만들어내느냐에 대한 학술적 연구보다는 기존 차의 상품화 · 산업화 쪽에 얼마나 열을 내고 있는지(당나라적 떡차인 청태전과 뇌원차라는 것까지 상품화 목적의 복원 명분으로 지자체 예산을 썼다)는 차 학과를 두고 있는 각 대학과 대학원의 차 학과 명칭과 교과 과목 구성, 그리고 산하 차 관련 연구소 이름들, 이 밖에 해마다 '세계~ ' 또는 '국제~ '라는 접두어를 달고 열리는 대규모 차 행사를 보면 짐작할 수 있다.

'국제~ ' '산업~ ' 접두어 붙인 대학(대학원) 차학과와 연구소

우선 차 학과를 두고 있는 각 대학과 대학원 차 학과 이름을 보면, 국립 부산대학교는 산업대학원에 국제차산업문화학과를 두고 있다. 국제차산업문화학과가 소속된 대학원 이름도 '산업대학원'이다. 차를 순수 학문 분야로 다루기보다는 '산업'으로 보고 '국제~ '라는 말을 붙여 한국적 특성보다는 '국제화' 또는 국제적 상품 경쟁력 확보에 초점을 두고 있는 것 같다.

국립 목포대학교는 대학원에 '국제차문화과학협동과정'을 두고 주로 이학(理學) 석·박사를 배출하고 있다. 또 산하에 '국제차문화·산업연구소'를 두고 있다. 차문화를 과학(이학)적 측면에서 고찰하겠다는 것으로 보인다. 또 역시 연구소 이름 앞에 '국제'라는 말을 붙인 것을 보면 차문화를 국제적 산업 측면으로 연구하겠다는 뜻으로 읽힌다.

위 '국제차문화·산업연구소' 이름으로 일부 소속 교수들이 장흥군과 보성군으로부터 프로젝트 수행비를 받아 '장흥 청태전'과 '보성 뇌원차' 복원(?)을 주도하였다. 이들은 2022년 보성 뇌원차 복원 '연구보고서'에서 "(국내에 고려 시대 차인 뇌원차의) 관련 자료가 없어서 중국 기록을 보고 장님이 코끼리 다리 만지듯 만들었다"고 실토하여 읽는 이의 눈을 의심케 했다. 청태전은 제다법과 포장술이 조잡했던 당나라 때 만든 떡차류와 같은 것으로서 차의 원조 중국에서는 일찍이 폐지된 차이다. 청태전은 조선 후기까지 남아 있었는데, 『조선의 차와 선』이라는 책에 '나쁜 차'라고 나온다. 중국에서는 일찍이 폐기된 차가 조선 시대까지 남아 있었다는 사실은 한국 차문화의 후진성을 보여준다.

같은 맥락의 사례로서, 목포대에서 차 관련 학위를 받은 아무개 씨는 목포 인근 무안에 '한국ㅇㅇ문화산업개발원'이라는 간판을 걸고 전통 문화를 산업화하는 데 열을 쏟고 있다. 한국ㅇㅇ문화산업개발원은 2023년 '조계산 1,000년의 차를 다시 깨우다'라는 행사를 주관하고, 그 일환으로 '고려천태국제선차보존회'라는 단체와 함께 제5회 순천야생차문화산업전을 열었다. 또 그는 같은 해에 '월출산 차문화 1,000년의 역사'라는 심포지엄 토론자로 나와 "강진의 차와 청자를 함께 상품으로 개발하자"는 주장을 하기도 했다. 『다경』에는 "(월주요) 청자는 (녹차로서) 색깔이 갈변되어 버린 떡차의 탕색을 녹색에 가깝게 보이도록 하기 위해 선호했다"는 의미의 글이 나온다. 즉 강진의 차는 다산차의 맥을 이어받은 증제 녹차이어야 하므로 그것에 알맞은 다기는 제다사와 차문화사 이론상 백자다기여야 한다.

그는 또 순천대 지리산권문화연구원에 연구교수 직함으로

2024년 순천 향림사 차밭(석현다원) '발견'과 관련하여 일제강점기 때 일본인 관리와 학자가 쓴 『조선의 차와 선』에 나오는 죽로차 밭이라고 하여 대단한 것인 양 의미를 부여하고, 위 '고려천태… 보존회'는 이 차밭을 소재로 축제를 하고 대대적으로 제다 행사를 하여 순천의 명물로 만들겠다고 하였다. 국립대 연구소 이름을 빌려 방치돼 묵은 차나무들을 이색적인 소재인 양 의미를 부여하여 관으로부터 축제 등 행사지원금을 타내기 위한 사전 포석으로 보인다.

또 'ㅇㅇㅇ국제ㅇ차ㅇㅇ회'의 대표 아무개 씨는 초의차류 '덖음차'를 제다 하면서 제다 원리 맥락에 맞지 않게 다산 증제 제다법인 '구증구포'를 줄기차게 주장하며 '청년 제다 학교' 등 각종 관련 행사를 벌이고 있다. 그의 '구증구포' 주장은 소기의 목적을 위해 자신의 제다법을 차별적으로 돋보이게 하고자 하는 의도로 보인다.

전국 차 학계와 차계로 확산되는 차 상품화·산업화 열풍

이런 '차의 산업화·상품화' 행태는 비단 차 산지 대학이나 차 학계에서만 일어나는 현상이 아니며, 서울 차 학계와 타지방 차 문화 운동 단체에까지 확산되고 있다.

경남 창원의 '한국차문화연합회'라는 단체는 2023년 5월 ("차문화계 최초로…") 세계 10개국이 참여한 학술대회를 열었는데, 대회의 이름이 '세계차문화산업학술대회'이다. 차문화 모임 연합체가 '학술'의 이름을 빌려 차문화를 한국에서뿐만 아니라 세계적으로 산업화하겠다는 포부를 담고 있는 것으로 보인다.

요즘에는 흔히 소기의 목적을 위해 '세계~ ' 또는 '국제~ '라는 말을 앞세우는 경우가 많다. 부산대 산업대학원 차학과 이름 앞에 '국제… '라는 말이 붙어 있으며, 목포대 대학원 차학과 이름과 산하 연구소 이름에도 앞에 '국제~ '라는 말이 붙어 있다. 한 승려가 매년 가을 광주 김대중컨벤션센터에서 중국 보이차를 잔뜩 가져다 놓고 '차 난전(亂廛)'처럼 여는 대규모 차 장사 행사도 '국제차문화○○'이다. 2023년 5월에 42억 원의 국비를 지원받아 열린 하동차엑스포 역시 '하동세계차엑스포'라는 이름으로 개최되었다. 이러한 사례들은 모두 차와 차문화의 정체성과 본질을 앙양(昻揚)하고자 하는 진정성보다는 '학술'과 '국제(세계)…'라는 명분으로 차를 상품화하여 돈벌이 수단으로 이용하고자 하는 것이 아닌가 생각한다.

목포대 대학원의 '국제차문화·산업연구소', 무안의 '한국○○문화산업개발원'에 이어 서울에는 '한국차○○산업연구소'가 개설되어 있다. 이 연구소 소장 아무개 씨는 서울 ㅅ대○○대학원 차 관련 학과의 초빙 교수를 역임했고, 2024년 7월에는 위 '한국○○문화산업개발원' 원장 아무개 씨가 관여한 것으로 생각되는 전남 무안문화원의 '발효 식품 지역 연대…' 교육 프로그램에서 '초의 발효차' 강의를 했다. 그러나 '초의 발효차'란 한국 제다사나 차문화사에 없는 것이고, 녹차 제다에 일관한 초의의 제다 취지나 이른바 '초의차'의 정체성에도 부합하지 않는다.

차의 정체성과 차문화 본질 앙양(昻揚) 보다 차를 돈벌이 수단화

위 무안문화원의 '막걸리 간장 초의 발효차 등 발효 식품 공동체 지역연대' 관련 교육 프로그램은 국가유산청의 무형문화재 전승공동체 활성화 지원 공모사업 지원금을 따내기 위해, 공모사업 항목에 들어있는 발효 식품인 막걸리와 간장에 추가하여 초의 탄생지가 무안임을 들어 초의차를 억지로 엮어서 초의차를 '발효차'로 둔갑시킨 게 아닌가 생각된다.

이와 같은 이들의 주장이나 움직임을 보면, 차 학자나 순수한 차인으로서 차와 차문화의 본질 추구로써 한국 차 위기 돌파 대안을 마련하겠다는 진지함과 진정성은 찾아보기 어렵다. 오로지 차의 상품화 · 산업화를 부르짖으며 관련 행사를 기획 · 개최하여 공공 지원금을 타 내는 데에 전문성을 발휘하고 있다는 인상을 지을 수 없다. 예컨대 명확한 근거 없이 '월출산 차문화'나 '조계산 차문화'라는 소재에 '1,000년의 역사…'라는 이름을 붙여 지역 연고 기득권을 강화하는 유사 학술 모임이나 관련 행사를

열고, 주로 차와 차문화를 돈벌이 수단으로 삼자는 여론을 조성
하는 일에 공공 예산이 지원되는 형국이다.

차문화를 사업대상 또는 명리 추구 소재로 보는 현상들

　이밖에, 국내 유일하게 4년제 차 관련 학부를 둔 원광디지털
대학은 입학 장벽이 비교적 낮은 탓에 차에 관심 있는 이들이 많
이 입학하는데, 학과 이름은 차문화경영학과이다. 차문화를 사
업 경영의 대상으로 다루겠다는 의지가 들어있어 보인다.
　(사)동아시아차문화연구소 박동춘 소장은 최근 고려 단차와
청자 다기를 복원(?)했다고 외치고 있다. 그 역시 "관련 기록이
없어서 중국 기록을 참고했다…"고 했다. 역사적으로 '고려 단
차'라는 이름이 있었는지도 분명하지 않지만, 그런 차의 특성이
나 효능 및 제다법에 대한 근거 자료는 전무하다. 중국 기록을
참고했다고 했으니 박 소장은 이 차를 송대 '용단승설'과 같은 연
고 단차류로 생각하는 것 같다. 그러나 용단승설은 황실 공납
차로, 제다 과정에서 민폐가 많아 명태조 주원장이 제조 금지
칙령을 내리고 덖음 녹차로 제다하도록 한, 제다법 혁신의 단초
가 된 차였다. 이런 차를 '백차'라는 이름으로 복원(아닌 창조)
하는 일과, 백자 다기를 써야 하는 녹차 시대에 청자 다기를 복
원(?)하는 일은 한국 제다사와 차문화사, 그리고 도예 발전사를

한참 후진시키는 시대착오적 넌센스라고 할 수 있다. 그럼에도 불구하고 이런 작업을 추진하는 이유와 의도는 무엇일까?

9

조주 스님 초상 앞에서
보이차 '다선일미'라

한국 불교가 차문화의 중심? 선승들만 차 마셨을까?

불교사에서 선승으로 깊은 존경을 받는 당나라 조주종심 (趙州從諗, 778~897) 스님은 청빈한 삶의 모범을 보이고 주옥같은 선어(禪語)를 많이 남겼다. 어느 날 제자가 스님에게 물었다. "개에도 불성이 있습니까?" "무(無)!" 이런 황당한 대답. 전에는 "있다 (有)!"고 하셨고 부처님께서도 모든 중생에 불성이 있다

불교사에서 선승으로 깊은 존경을 받는 당나라 조주종심(趙州從諗, 778~897) 스님은 청빈정결한 삶의 모범을 보이고 '끽다거'처럼 주옥같은 선어 (禪語)를 많이 남겼다.

고 하시지 않았는가. 어느 날 두 운수 납자가 조주 스님을 찾아왔다. 스님이 물었다. "전에 이 절에 와본 적이 있는가?" 한 납자는 절에 와본 적이 있다(有)고 했고 다른 납자는 없다(無)고 대답했다. "喫茶去(차나 마시게), 喫茶去!" 이를 옆에서 지켜본 원주(절에서 장보기 등 살림살이 담당 소임)가 "왜 스님께서는 와본 적 있다고 하는 쪽이나 없다고 하는 쪽 모두에게 끽다거라고 하십니까?" "원주, 그대도 끽다거!!"

오늘날 "무!"와 "끽다거!"는 유·무중도(有·無中道, 붓다가 취한 유·무 양 극단을 초월·지양한 제3의 선택)를 표방하는 언구(言句)로서 불가와 차계에서 각각 참선의 화두(話頭)와 다도 수양의 지침 역할을 하고 있다. 각자에 따라 해석이 분분하고 가장 정확한 뜻은 그 말씀을 하신 조주 스님만 알 뿐이지만, 화두는 참선에 있어서 일체의 잡념을 제거하는 언어도단(言語道斷)의 기능을 하는 것이므로, "무!"는 개에 불성이 있느니(有) 없느니(無) 따지자는 말이 아니라 그 말을 듣는 이의 마음(정신 상태 또는 신경회로)을 '멍 때리기' 상태에 들게 하는 것이다. "끽다거!"에 대해서 한국 차인들은 "차 한 잔 마시고 가!" 또는 "차나 한 잔 마시게"라고 점잖게 해석하면서 더 깊은 의미를 찾으려 하지 않으니, 이 역시 화두의 속성상 아무런 논리적 의미가 없이 더 이상의 불필요한 사고(思考)를 막는 언어도단일 뿐이라고 할 수도 있겠다. 즉, 전에 와본 적이 있느니 없느니 견주고 따지는 따위 분별심은 허망한 것이니, 차를 마시면서 그

따위 잡념을 씻고 본디 마음(아뢰야식)으로 세상을 여실(如實)하게 보는 명상 수양(행)에 잠겨보라는 말이겠다.

그런데 제다와 수양론적 다도를 통해 알 수 있는 차의 속성을 두고 생각하면 "끽다거"는 그저 언어도단의 방편에만 그치는 말은 아니라고 할 수 있다. 달리 말하면, '차(茶)'를 통해 '유·무(有無), 상·단(常斷), 일·이(一異), 래·거(來去)' 등 독립된 실재의 주체성을 나타내는 술어는 성립될 수 없다는 '팔불중도'(八不中道 : 不生不滅. 不常不斷. 不一不異. 不來不去)의 의미, 즉 유식 불교의 '공(空)' 사상을 일깨워주는 원리를 단 한 마디로 설파한 것이라고 할 수 있다.

이를 현대적 용어로 풀이하자면, 차에는 뇌파를 분별심 가득한 베타파에서 생멸 등에 관한 허상 등 잡념을 단박에 물리쳐 명상 상태의 알파파로 가라앉혀 생생히 깨어있게 해주는 효능(테아닌과 카페인)이 있다는 의미이다. 그래서 "끽다거!"를 "차나 마시고 가라" 보다는 "닥치고 차나 마셔!" 정도로 풀이하는 것이 문맥에 더 부합한다. 이렇게 해석할 때 "끽다거!"야말로 차의 정체성과 속성을 부각시켜 '차의 대중화'를 선도함으로써 불교가 차문화의 중심이었음을 입증해 줄 수 있는 말이라고 할 수는 있겠다.

"끽다거!"의 의미 및 차와 불가 수행의 불가분 관계는 조주 스님의 공안(公案)을 12개나 싣고 있는 『벽암록』을 쓴 송대 원오극근(1063~1135) 선사의 '다선일미'라는 말에서 극명해진다. 선사는 당시 송나라에 유학 왔던 일본 승려에게 일종의 학업수료증으로써 묵적에 이 말을 써주었다고 한다. 이후 이 묵적은 일본에 건너가서 일본 다도의 다회때 일본 다도 정신의 표상 역할을 해오고 있다. '다선일미'의 뜻은 '차의 맛과 선의 맛은 같다'라는 의미로, 차가 지닌 깨달음 지향 속성을 잘 대변하고 있다. 여기서 말하는 차는 어디까지나 수양의 기능을 발휘하는 성분을 잘 보전해 지닌 녹차(綠茶)를 가리킨다.

'초의차' 계승자라는 응송 스님으로부터 '다도전게(茶道傳偈)'를 받았다고 주장하는 (사)동아시아차문화연구소 박동춘 소장은 늘 "한국 불교가 한국 차문화의 중심"이라고 강조한다. 그 근거로는 선종은 참선을 중요시하고, 중국 선종이 참선할 때 차를 활용했으므로 신라 말 구산선문 개창 때 차가 들어왔을 것이라는 추정이다. 그러나 공식 자료인 『삼국사기』에는 신라 시대에 차가 들어오게 된 데 대해 "선덕여왕 2년(828년), 중국에 갔던 사신 대렴이 차 씨앗을 들여와 지리산 남쪽(화개 쌍계사 또는 구례 화엄사 입구)에 심었다."라고 적혀 있다. 그러나 박 소장은 화엄사는 교종 계통이어서 차와 관계가 멀다고 주장한다. 박 소장의 주장에 따르면, 화엄사 입구 한화호텔 아래에 한국 차의 시배지로 조성해 놓은 장죽전 차밭은 허구라는 말이 된다. 그러나 초의 스님이 『다신전』 발문에서 "불가에 조주풍이 있으나 다도는 모른다"고 했듯이, 한국 불교 승려들 가운데 꼭 선승들만이 선방에서 참선을 위해 차를 마신 것은 아니었던 것 같다.

선·교를 구분하여 차와의 관련성을 말하는 것은 무리한 주장이라고 생각한다. 구산선문 개창과 더불어 차문화가 들어왔다는 주장도 마찬가지 이유로 설득력이 부족하다.

또한, 박동춘 소장을 비롯한 '초의차' 숭배론자들은 고려 시대까지 융성했던 한국 불교의 차문화가 조선 시대의 숭유억불 정책으로 사찰의 경제력이 약해지면서 쇠퇴하게 되었다고 주장한다. 그러나 '한국 차의 성인'으로 추앙받는 초의 선사가 『다신전』을 엮으면서 쓴 위 발문(跋文)에는 "절에 조주 다풍이 있으나 승려들이 다도를 알지 못해 (만보전서에 발췌되어 있는 명대 장원의 『다록』의) '차 만드는 법' 등을 베껴 적는다"고 했다. 이는 조선 후기 사찰에 차를 마시는 풍조는 있었으나, 승려들이 차를 만드는 방법 등 다도에 무지했기에 『다록』의 주요 관련 내용을 바탕으로 "다신의 의미를 전한다"는 뜻의 『다신전』이라는 책으로 다시 엮었다는 것이다.

정리하자면, 차는 본래 수양(수행) 기능을 띤 속성상 불가의 참선에 도반이 되어왔으며, 녹차의 이러한 속성과 기능은 불가 다도를 세속화했다는 일본 다도의 모체가 되기도 했다. 한국에서는 신라 시대 구산선문이 개창되며 차가 들어와 불교가 차문화의 중심 역할을 한 것으로 추정하고 조선 시대에는 숭유억불 정책으로 인해 차문화가 침체되었다고 보는 이도 있다. 그러나 앞서 살펴본 바와 같이, 공식 기록에 따르면 차가 한국에 들어온 것은 신라 때 당나라에 사신으로 갔던 대렴에 의해서다. 그러나 언제 어떤 신분이 차를 들여왔느냐 보다는 과연 불교가 한국 차문화의 중심이었느냐가 한국 차문화사에 있어서 밝혀볼 만한 과제라고 생각한다.

이와 관련하여 초의 선사의 『다신전』 발문이 중요한 단서를 제공한다. "승려들이 다도(차를 만들고 내는 제다 및 탕법과 차의 수양 기능)를 모른다"는 말은 "조선 시대 숭유억불로 인한 사찰의 경제력 피폐로 불가의 차문화가 위축되었다"는 주장의 설득력을 덜어낸다. 절에 땅이 좁고 중들이 적었다면 몰라도, 차나무를 기를 만한 천 평 남짓의 땅에 너댓 명의 인력만 있어도 웬만한 절 일년 차 농사는 어려운 일이 아니다. 오늘날 전국 명산 국립공원 안에 불교가 드넓고 기름진 사찰림을 차지하고 있고 승려 수도 적지 않은 좋은 조건임을 감안할 때, 한국 불교가 한국 차문화의 중심이 되는 일은 차문화를 포함한 전통문화에 대해 불교계가 얼마나 진솔한 관심과 주도적 의지를 갖느냐에 달려 있다고 할 수 있다.

돌이켜 생각해 보면, 불교의 차문화 쇠퇴는 단순히 사원의 경제력 위축 때문이 아니라, 초의 선사의 말씀처럼 당시 승려들이 제다 등 핵심적인 차문화 내용에 관해 관심이 적었기 때문이 아닐까? 조선 시대 승려들이 직접 차를 제다하면서 차의 본질과 정신을 깨달아 참선 수행에 활용하기보다는, 주로 민간에서 만들어진 차를 받아 단순히 마시는 데 그쳤던 것이 아닐까 하는 생각이 든다. 제다는 차문화의 핵심이자, 차의 속성을 깊이 이해하여 수행의 도반으로 삼는 안목을 기르는 첩경이다. 그런 점에서 당시 승려들이 차문화의 본질을 계발하고 진전시키는 역할을 충분히 수행하지 못했던 것은 아쉬운 대목이다.

오늘날 사찰에서 커피와 보이차가 저항 없이 득세하고 있는 모습은 "불교가 한국 차문화의 중심"이라는 주장을 무색하게 한다. 큰 사찰들에 커피 자판기가 들어가 있거나, 외래객(客)들에게 보이차를 내주는 경우를 흔히 볼 수 있다. 나는 언젠가 화엄사 원로인 천은사 종일 스님을 따라 지리산 깊은 골짜기 한 젊은 승려가 홀로 고행하는 토굴에 갔다가, 그 승려가 원두를 갈아서 타주는 커피를 마신 일이 있었다. 또 다른 날, 다른 토굴에서는 조주 선사의 초상화 앞에서 암주가 보이차를 내주기도 했다. 속진(俗塵)과 먼 청정 산중에서 서양 커피와 티베트나 몽골 사람들이 주로 마시는 차를 만난다는 게 범상하지 않았지만, 한편으로는 불교가 '한국 차문화의 중심'이기보다는 '커피와 보이차의 한국 차문화 잠식 마당이 돼가는 게 아닌가' 하는 울적한 마음이 들었다.

이런 맥락에서 볼 때, "불교가 한국 차문화의 중심"이라는 주장은 사실에 대한 단순한 진술이라기보다는, 한국 불교에서 마땅히 차를 중시하여 바람직한 방향으로 차문화를 진전시켰어야 한다는 당위 또는 앞으로 그래야 한다는 간절한 염원을 나타내는 의미로 받아들여진다.

10

차 진흥법 제정과 제다 문화재 지정에 따른 '돈 잔치'

한국 차 위기에 정확한 진단과 실효성 있는 대책 필요

한국 차가 질식 상태에 있다. 2007년 이래로 뚜렷이 나타나고 있는 현상이다. 얼마 전까지만 해도 홈페이지를 열고 활기차게 홍보·판매를 하고 있던 유명 다원이나 차 명인들이 홈페이지 운영을 3~4년 전 상황에서 멈춰버린 곳이 한두 곳이 아닌 사실에서 한국 차 현실의 심각성을 알 수 있다. 몇 해 전 국내 커피 소비량이 6조 원인데 비해 국산 차 소비량은 4000억에 그쳤다는 통계 자료를 본 적도 있다. 지금은 그 격차가 더 심해졌을 것이다.

한국 차의 쇠퇴 원인에 대해 차인이나 제다인, 차 농가, 차 관련 종사자들은 커피와 중국 차의 범람을 꼽을 것이다. 그러나 이는 남의 탓을 할 일이 아니다. 마치 자신이 앓고 있는 병의 원인을 남의 몸에서 찾으려 하는 것과 같기 때문이다. 한국 차 쇠퇴의 시작은 2007년 KBS〈소비자 고발〉의 '티백 녹차의 농약 잔류량' 보도 파문에서 비롯되었지만, 그 기억이 잊혀질 때도 됐는데 소비자들이 여전히 한국 차에 냉담한 반응을 보이고 있는 것은 왜일까? 국내 소비자들이 국산 차에 대한 실망감을 거두어들일 기색을 쉽게 보이지 않는다는 게 더욱 심각한 일이다.

일부 차인들과 당국의 위기 상황 인식은 2015년 '차 진흥법' 제정과 2016년 '제다' 문화재 지정을 가져왔다. 이에 따라 차 관련 각종 지원의 길이 열렸고, 근래 민간단체들이 사단 법인으로 변신하여 '차 관련 교육기관'이라는 명분으로 각종 차 관련 교육 등 다양한 차 관련 행사를 벌이고 있다. 그런데 이런 단체들의 난립이나 차 관련 행사의 난무가 한국 차의 위기 상황과 그 원인을 정확히 인식하고 해결책을 마련하고자 하는 순수하고 절실한 마음에서 비롯된 것 같지는 않다. 한국 차와 전통 차문화가 퇴색되어 가고 있는 현실을 부채질이나 하듯이, 거의 모든 차 관련 전시회나 박람회의 주류는 중국 보이차나 차 주변 아이템들이다. 증상의 심각함이 이 지경이고 보면, 이제 뭔가 생산적인 대책이 필요하다고 할 것이다. 생산적인 대책은 문제의 본질과 원인을 제대로 파악하는 일에서 시작된다.

자, 한국 차가 근본에 충실한가? 한 마디로, 차에서 본질적으로 중요한 차향(茶香)을 제대로 내는 차가 있느냐는 말이다. 나는 한국 차 침체의 근본 요인이 '좋은 차에 의한 다도'의 수양 효과에 대한 몰이해에 있다고 생각한다. 다른 음료와의 경쟁에서 이겨낼 수 있는 한국 차의 차별적 정체성은 곧 '다도 수양'을 가능케 하는 차의 특성이라고 할 수 있다. 그것은 곧 '녹차의 차향'이다. 향香은 '향기香氣'라고도 하므로 차향은 차의 기氣를 대표하는 것으로 간주된다. 차향이 기氣로 인식된다는 것은 동아시아 사상 수양론의 기틀인 '기론氣論'과 이론적 맥락이 닿아 있다. 즉, 차에서 가장 중요한 것은 차향이고, 차를 마셨을 때 차향은 일종의 우주의 청기(淸氣)로서 우주·자연과 나를 연결해주는 수양 매개체의 기능을 하여 '자연합일'이라는 '다도의 목표'를 완성하도록 돕는다.

이러한 차의 차별성, 즉 차향의 중요성을 간과하고 돈벌이에만 몰두한 나머지, 한꺼번에 솥에 찻잎을 잔뜩 넣고 300도~400도나 되는 용광로에서 '구증구포'를 운운하며 찻잎을 녹여내다시피 제다를 하니 본연의 차향을 제대로 내는 차를 만나기가 어렵다. 한국 차의 차향을 망치는 '구증구포'라는 망념·망언이 지금도 한국 차계에 떠돌고 있는 사실이 곧 한국 제다의 한심한 현실을 잘 말해주고 있다. 어떤 차 명인의 차통에 'ㅇㅇㅇ 명인이 구증구포로 만든 차'라는 문구가, 어떤 비구니의 차 통엔 '구증구포 명인 ㅇㅇ 스님이 만든 차'라는 문구가 적혀 있다. 그런데도, 제다의 중요성을 인식하여 '전통 제다'를 문화재로 지정했을 국가유산청은 막상 한국 차의 심각한 문제가 제다 방식에 있다는 사실은 까맣게 모르고 있는 것 같다.

한국 차 쇠퇴의 또 다른 원인은 차 관련 종사자들의 인식 문제다. 한 해에 여러 곳에서 수 차례 열리는 차 관련 축제, 전시회, 박람회들이 이제는 적폐 청산 차원에서 걸러지고 정돈되어야 할 시점이 아닌가를 살펴볼 때다. 한국 차의 위기 상황에서도 각종 차 행사장에는 제대로 된 한국 전통 녹차는 없고, 시큼털털한 황차, 꽃차, 중국 보이차가 판을 치고 있다. 대부분의 행사가 국비나 지자체 예산, 곧 국민 혈세를 쓰는 일일진대, 차 진흥법 제정과 제다의 문화재 지정 이후 적잖은 차 관련 단체들이나 차 학자 차 명망가들이 이런 돈 타내기에 관심을 쏟고 있는 것으로 보인다. 차 관련 학회나 차 관련 단체들이 연중 개최하는 행사(학회, 차 전시회, 차 박람회, 차 품평회)에서 '한국 차, 무엇이 문제인가?', '어떻게 하면 차를 제대로 만들 것인가?', '한국 전통 다도의 진정한 의미는 무엇인가?' 등에 대해 진지한 학술토론회나 세미나가 열리지 않는 것은 한국 차계나 당국이 한국 차의 위기에 대해 제대로 인식하지 못하거나 문제 원인 분석에 전혀 뜻이 없음을 보여준다. 이는 귀중한 나랏돈을 축내고 있음을 말해준다.

한국 차의 현실이 이 모양인데, 어찌 이리도 '차의 대가'들은 많은가? 한국 차의 앞날에 대한 진지한 고민 없이, 차에 대해 긁어모은 상식과 중국 차를 답습한 허위의 권위를 내세워 한국 차 담론을 주도하는 행태는 사라져야 한다. 차의 본질과 품성을 좇기보다는 허위의 옷을 두르고 차 관련 행사에 따라붙는 물질적 이

익과 명예를 추구하는 현실에서 한국 차와 한국 차문화의 부흥을 기대하기는 어려울 것이다.

11

한국 차계의 웃픈 '구증구포'와 '6대 차 종류' 맹종

한국 차 제다와 차문화 발전 장애 요인의 하나로, 중국식 6대 차 종류 구분과 '구증구포' 맹종주의, 그리고 남도 차 산지 차 학자와 차인들의 명리 추구를 위한 반학자적·비차인적 행태를 들 수 있다. 중국식 6대 차 종류 구분은 최근 중국에서 도입된 것이며, "구증구포"라는 말의 유행은 한국 차계와 일부 제다인들 사이에서 학술적 근거 없이 다산 증제법의 구증구포라는 개념을 덖음 제다의 비결인 양 잘못 퍼뜨린 데서 비롯된 현상이다.

6대 차 종류 구분에 대해서

다도와 득도라는 말의 등장과 함께 제다와 음다 문화가 본격적으로 활성화된 당나라 시기 육우가 저술한 『다경』을 보면, 차의 본질적이고 정체적인 종류는 단연 녹차였다. 당시 차문화에서는 차 종류 자체가 녹차 뿐이었다고 할 수 있다. 당시 차인들이 녹차의 정체성을 지키기 위해 부단히 노력한 흔적을『다경』에서 읽을 수 있다.『다경』'4. 찻그릇'에서 "월주요 청자는 차탕 색을 녹색에 가깝게 보여주므로 제일이고, 형주요 백자는 차탕 색을 붉게 하므로 그 다음이다…"라는 대목이다.

당시 차 종류와 형태는 녹차(종류)를 떡차(형태)로 만든 것이었다. 떡차 형태로 만든 이유는 죽순 껍질류 외에 마땅한 포장재가 없어서 보관과 운반 편의상 그렇게 한 것이었다. 찻잎을 찌고 절구에 찧어 떡으로 만들었는데, 이 과정에서 속속들이 잘 마르지 않고 도중에 가수분해 등의 화학작용으로 인해 카테킨이 산화되어, 의도하지 않았기에 실망스럽게도 '갈변된 차탕을 내는 산화차'가 돼버렸던 것이다. 이후 명대에 이르러 녹차의 산화·갈변 문제를 해결한 덖음 잎차(散茶)가 등장하면서 차문화는 크게 변화한다. 즉 '녹차와 백자 다기'로, 차문화와 궤를 같이하는 도예의 추세도 바뀐 것이다. 그런 '차와 다기' 콜라보가 이 땅에 그대로 이식된 게 청태전 같은 떡차와 고려청자 다기, '초의차'와 같은 '녹차와 조선백자'이다. 청태전이라는 이름도 '녹차'를 상징한다.

녹차-백차(약산화성 녹차)-황차-청차(반산화차)-홍차(강산화차)-흑차(보이차. 강산화·강발효차)의 분류에 대해 더 살펴보자. 이는 중국 명말·청초에 덖음 제다법에 의한 반산화차인 청차가 나오면서 생긴 일이다. 청차가 나오게 된 계기는, 일설에 따르면 녹차를 제다하는 과정에서 시간 지체로 인해 생찻잎이 산화·갈변되어 버린 것을 덖었더니 녹차에 없는 과일 향이 나는 차가 된 것이라고 한다. 즉, 카테킨이 산화로 변화·감소되었지만, 다른 기호성 향이 난 것이 청차의 발생 원인이었고, 이는 당시 서양(영국)쪽에서 향이 강조된 기호음료로서 유행한 홍차의 붐과 궤를 같이하게 된 것으로 보인다. 또한 백차는 차가 동난 차 춘궁기를 때워주는 역할을 하면서 청차의 이런 기호성 산화 향이 약간 나서 6대 차류 분류에 들게 되었고, 보이차는 살청된 녹차를 가져다가 오래 쌓아둔 데서 생긴 카테킨 산화와 곰팡이류에 의한 테아닌 발효가 점증되어 기이한 (곰팡이) 향을 좇는 기호에 따라 6대 차류에 들게 된 것으로 생각된다.

여기서 알 수 있는 것은 카테킨 산화에 따른 산화차가 나오면서 6대 차 종류의 구분의 필요성이 생겼고, 동시에 차의 정체성에 대한 인식이 "차는 기호음료"라는 수준으로 격하되면서 본질적인 차로서의 녹차의 가치에 대한 이해가 왜곡되었으며, 차문화의 핵심인 수양론적 다도에 대한 인식 또한 희석되게 되었다는 것이다. 그렇다면 이 대목에서 한국의 차 현실, 제다와 차문화, 차 산업, 나아가서 그 일을 담당하는 차인, 차 학자, 제다 농가, 차 산업체들이 반면교사 삼아야 할 항목은 무엇일까?

덖음차 만들면서 구증구포?
본질 외면한 채 끊임없는 차 산업화·상품화 망동

　전남 순천 '순천만 정원' 네임 밸류 위에서 '구증구포' 제다 및 전남교육청과 MOU를 맺어 중·고등학생 다례 교육 활동을 하고 있는 것으로 알려진 차인이 있다. 그는 온갖 자료를 모아 제다 관련 책도 냈는데, 그 책에서 줄곧 주장하는 것이 '구증구포 제다'이다. '구증구포'라는 말은 다산이 증제 단차(團茶. 떡차가 아님)를 만들면서 시(詩)에서 한 말이다. 그런데 이 순천 제다인은 초의식 덖음 제다를 하면서 구증구포를 주장하고 있다. 또 충청도에 사는 한 비구니는 해마다 지리산 쪽에 와서 출장 제다를 하면서 역시 덖음 제다로 만든 자신의 차 통에 '구증구포의 명인 ○○ 스님이 만든 차'라고 써놓는다. 강진 이한영전통차문화원 이현정 원장은 목포대에서 「전통 제다의 융복합연구」라는 논문으로 이학박사 학위를 받았는데, 이 역시 덖음 제다를 두고 말하면서 "삼증삼쇄는 구증구포가 번거로워 줄여서 한 것"이라고 주장했다.

　이들이 말하는 덖음 제다에서의 '구증구포'는 명나라식 '초의 제다법'과 '초의차'의 문제점을 고백하는 것이나 다름없다. 즉, 향기 성분 함량이 낮은 재배 찻잎을 섭씨 300도 이상의 고열에 덖어내다 보니 그 약한 향마저 증발해 버려서, 고열의 솥에 여러 번 덖기를 거듭하여(구증구포) 단백질 성분(테아닌)이 눍거나 탄 고소한 맛이라도 내고자 하는 것이다. 그래서 흔히 "한국 차는 고소한 향과 맛이 특성"이라는 웃픈 자백(?)이 나오게 된 것이다.

2024년 8월 10일 '차 산업 발전을 위한 정책토론회'가 보성군 농업기술센터 대강당에서 더불어민주당 문금주 의원실, 전남농업기술원, 보성군 공동으로 개최됐다. 주요 내용은 학생 대상 다례 등 차문화 교육과 유기농 녹차 학교 급식 정책 등을 통해 청소년의 건강을 지키고, 지속 가능한 차 산업 발전 방안을 모색하자는 것이었다. 토론 주제는

▶ 차 산업법의 개정과 차 산업 발전을 위한 법령안 제안

▶ 청소년을 위한 차문화 교육의 필요성

▶ 차 산업과 차문화 정책을 추진하는 농림축산식품부와 문화체육관광부의 역할 분담

▶ 한국 차의 세계화를 위한 차 산업법 개정과 발전 방향 등이었다.

차는 제대로 못 만들면서 법령 미비 탓, 지원금 타령

이 토론회에서 보성차문화연구회 조기정 회장은 '차 산업법 일부 개정을 위한 제안'을 발제했다. 토론회를 주최한 문금주 국회의원은 "건강을 즐겁게 챙기자는 '헬시 플레저'(건강 health와 기

쁨 pleasure의 합성어) 추세에 힘입어 차 소비가 증가하고 있는 가운데 제정된 차 산업법을 돌아보고 청소년들이 다례 문화 교육을 받음으로써 자연스럽게 차를 즐겨 찾는 식습관을 길러 더욱 건강해지길 바란다"며, "이를 통해 보성 차 산업이 발전되는 계기를 마련하고자 차 산업법 개정을 위한 정책토론회를 개최하게 됐다"고 말했다.

이 토론회의 명칭, 주제, 발제 내용을 보면, 이 토론회의 목적이 차 산업법 개정을 통해 보성 차 산업에 공공예산 지원을 강화하자는 것으로 읽힌다. '차 산업법 일부 개정을 위한 제안'을 발제한 보성차문화연구회 조기정 회장은 장흥 청태전 복원에 참여한 사람으로서 목포대 교수 은퇴 후 보성 차인들과 보성차연구회를 결성하여 회장을 맡고 있다. '뇌원차 복원 연구보고서'에는 "관련 자료가 없어서 중국 기록을 보고 장님이 코끼리 다리 만지듯 복원했다"와 "녹차는 보관에 문제가 있고 떡차(발효차)가 뜨는 추세이니 보성도 떡차 쪽으로 방향을 바꾸어야 한다"는 대목이 나온다. 이들이 '학술 연구'를 내세워 차 관련 사업을 추진하는 목적이 현안인 한국 차의 품질 향상이나 차문화의 정체성 정립을 위한 대안 마련과 같은 '순수 학술 연구'의 진정성과는 거리가 멀어 보인다.

한국 차, 차문화, 차 산업 발전을 위해 차 학자, 차인, 그리고 행정기관이 고해성사 차원에서 각성해야 할 일이 있다. 한국 차가 지금 쇠퇴하고 있는 일차적 원인이 정부와 지자체의 지원이 부족하거나 차 산업 지원 관련 법령 미비에 있는 것은 아니다. 2023년 하동세계차엑스포에 42억 원의 국비가 지원됐으나, 국민 혈세를 들인 만큼 한국 차의 전망이 나아졌다는 말은 아직 들리지 않는다. 보성군도 하동군과 경쟁하듯 해마다 보성차엑스포를 열고 있다. 그렇다면 하동이나 보성의 차 산업이 돈 들인 만큼 나아졌거나 나아지고 있다는 확연한 증거가 있어야 한다. 지원금이 부족해서 문제인가, 지원금을 쏟아부어도 나아지지 않는 게 문제일까? 진짜 원인은 무엇일까?

한국 차 쇠망 원인은 차(학)계의 '차 산업화·상품화' 돌진

한국 차 침체의 큰 원인은 지원금이 적어서가 아니라 커피와 보이차를 물리칠 수 있는 품질의 차를 만들어 내지 못하고 있다는 데 있다. 이는 다산이 창안해 물려준 다산 제다와 다산차를 외면하고, 중국 명나라의 덖음 제다와 덖음차를 한국 전통 제다와 전통 '초의차'로 포장하며, 앞서 언급한 '구증구포' 같은 중구난방식 제다를 고수하면서 차 품질 향상을 위한 학술적 노력이나 실천을 등한시한 결과다. 차 학자와 차인들이 중국식 6대 차 종류 구분법을 한국 차에 적용하고, 산화차와 발효차를 구별하지 못하며, 떡차가 단순히 차의 형태임을 이해하지 못한 채 떡차를 막연히 보이차와 같은 발효차로 착각하여 "녹차는 보관에 문제가 있으니 (녹차의 수도 보성에서도) 떡차 쪽으로 전환해야 한다"고 넋두리를 쏟아 내면서 차 산업법을 탓하고 지원금 타령을 하고 있다. 더 많은 지원금을 받아내 청태전이나 뇌원차와 같은 당·송대 떡차 단차를 더더욱 복원하려 하는가?

12

남도 차 산지 차 학계의
이런 차 학술대회

주제와 무관한 억지, 아전 인수, 사실 왜곡…

(한국 전통 차문화의 발전을 염원하고 한편으로 걱정하는 마음에서, 한국 차 산지의 차 학계와 차계의 학술 활동 수준과 방향을 가늠해 볼 수 있는 한 장면으로, 필자가 페이스북에 올렸던 글을 소개한다.)

2024년 5월 31일, 진주 경상국립대 박물관 1층 대강당에서 경남문화연구원 진주학연구센터 한국차문화연구원이 주최한 정기 학술대회('한국 차문화 운동의 발아와 전개')가 열렸다. 그러나 발표문들 가운데 '효당 최범술의 차문화 활동과 차 살림살이'(발표 채정복 반야로차도문화원장) 등 한 두 편을 제외한 대부분, 특히 '초의 선사 차정신 고찰'(발표: ○○○ 한국차○○산업연구소장), '다산, 초의의 차문화 부흥과 장흥 지역'(발표: ○○○ 국립순천대 교수) 등은 내용이 행사 주제와 동떨어져 있거나, 사실 왜곡과 억측, 아전인수식 해석이 많아 아쉬움을 남겼다.

'초의 선사 차 정신 고찰'에서 발표자는 초의 선사의 차 정신을 '차 삼매'와 '중정'이라고 했다. 이는 박동춘 씨 등 이른바 '초의차 신봉자'들이 늘 말해오던 것으로, 동아시아 사상 고찰을 도외시한 편의주의적 발상의 산물이다. 여기서 말하는 차 삼매는 차를 만들고 마실 때의 '정신집중'을 의미한다. 유가에서 말하는 '경(敬)'과 같은 의미이다. 또 중정은 차를 우릴 때 차와 물의 양을 상호 과부족 없이 잘 맞추라는 차 우림 방법론이다. 따라서 둘 다 차를 만들고 우리고 마실 때의 주의 사항에 지나지 않는 형용사나 부사에 해당한다. '차 정신'이라고 할 수 있는 차 관련 사상이나 이념을 표방하는 말이 아니다.

순천대 ○○○ 교수의 '다산, 초의의 차 문화 부흥과 장흥 지역'은 국립대학교 교수의 발표문이라고 하기엔 실망스러웠다. 사실 왜곡, 전통 제다와 한국 차문화사에 대한 이해 부족, 신뢰할 수 없는 근거에 의한 상상과 아전인수식 추정이 많고, 발표 내용을 통틀어 보더라도 연구의 의미와 가치가 무엇인지 알기 어려웠다. 이 교수는 발표문 제목인 '다산, 초의의 …'에 관한 사실이나 그 의미에 대해서는 말하지 않고, 다산과 초의가 제다법을 공동으로 '보림 백모' 제다에 발휘하고, 찻잎을 쪄서 짓찧어 만든 청태전의 증제 제다에도 영향을 끼쳤다고 말했다. 그의 이런 주장은 떡차와 단차의 구별, 떡차의 증제법과 다산 단차(구증구포 잎차로서의 단차와 삼증삼쇄 말차이자 연고녹차로서의 단차) 증배법의 다름에 대한 이해가 짧은 데서 비롯된 것으로 보인다.

○○○ 교수는 발표문 머리말에서 청태전에 대해 "우리만의 제다법과 음다법으로 국제 경쟁력을 키울 수 있는 차로 각광받고 있다"고 주장했다. 그리고는 본문에서는 "품질이 나쁜 차 지금은 팔리지 않아 중지하였다. 차 치고는 나쁜 것으로 기차(큰 잎차) 보다도 나쁘다"라는『조선의 차와 선』내용 중 청태전 관련 대목을 인용했다.

나는 당나라적 떡차 유물로서 박물관 전시물 가치밖에 없는 청태전을 오늘날 밖으로 끄집어내어 말하는 것은 지자체의 맹목적 실적주의와 결탁한 차 산지 차 학계 일부의 명리 추구욕 콜라보가 빚은 참사라고 생각한다. 중국과 일본 차 학계와 차계가 한ㆍ중ㆍ일 제다사에서 일찍이 폐기된 청태전류 떡차 제다의 문제점을 몰라서 그런 차를 입에 올리지 않겠는가? 우리만의 제다법과 음다법으로 국제 경쟁력을 키울 수 있는 차? ○○○ 순천대 교수가 현재 한국연구재단 지원 '전통 제다 DB구축 사업' 수행 중인 ○○○○문화연구원 대표로서 청태전이 처한 문제를 제대로 인식고 있지 못하기에 저런 '소가 하품할' 주장을 하는 것 같다. ○○○ 교수는『조선의 차와 선』의 "차 치고는 품질이 나쁜 차"라는 대목을 인용해 청태전을 재단하면서도 저렇게 억측에 의한 좌충우돌식 주장을 하고 있으니 말이다. 그렇다면 ○○

○ 교수는 커피와 보이차에 밀려 자취를 감추게 된 오늘날 한국 차의 운명을 어떻게 설명할 것인가? 그렇게 제다법이나 음다법에 있어서 비상하게 뛰어나 국제 경쟁력 있을 청태전은 지금 어디에 어떤 상태로 있는가?

○○○ 교수의 억측 또는 아전인수는 다산과 초의가 이른바 '떡차 제다법'을 공유한 것처럼 주장하면서도 그 제다법으로 만들었다는 '보림 백모'를 줄기차게 "초의가 만든 차"라고 하는 것에서도 볼 수 있다. 그는 "다산이 보림사 중들에게 (제다를) 가르치고 초의가 (그 차를 한양에) 가져온 …"이라는 이유원의 시 '죽로차'를 인용하면서도 그렇게 말하고 있다.

○○○ 교수의 발표를 보면서 실망감이 드는 것은, 보림차에 다산과 초의의 제다법이 들어있고 말고나, 청태전 제다에 다산과 초의가 영향을 미쳤는지 여부 자체가 국립대학교 교수가 귀중한 시간을 내어 머리 싸매고 연구할 만한 가치가 있는 과제인가 의문이 들었기 때문이다. 우리 전통 차문화나 한국 차가 당면한 문제 해결을 위해서는, 다산과 초의의 제다법이 구체적으로 어떤 내용이며 어떤 특장점이 있는지, 청태전이라는 차가 다른 차에 비해 과연 어떤 우월성과 유용성이 있기에 어떤 제다법과 음다법으로써 국제 경쟁력을 키울 수 있는지를 실질적으로 밝혀내야 하지 않겠는가?

그런 말은 발표문에 한 마디도 없으니 ○○○ 교수의 "(청태전이) 우리만의 제다법과 음다법으로 국제 경쟁력을 키울 수 있다"

는 주장이 공허하게 들리고, 청태전 제다를 재정 지원하는 장흥 군 행정력에 굴신하는 모습으로 비춰지기도 한다.

ㅇㅇㅇ 교수는 발표 서두에서 자신을 차 문외한이라고 소개하며, 순천대 ㅇㅇㅇㅇ문화연구원장 소임을 맡아서 한국연구재단 지원을 받는 위 프로젝트 수행을 지휘하고 있다고 소개했다. 이 교수의 발표문을 보면서 거액의 국민 혈세가 투여돼 한국 전통 제다를 비롯한 전통 차문화의 향방을 좌우하게 될 수도 있는 그 프로젝트의 결과가 걱정되지만, 지금부터라도 실무 담당자들이 뼈를 깎는 각성과 차 공부 노력으로 좋은 결실을 내 주기를 기원한다.

13

전남 차 산지 차 학계(차계)의
조작성 차 이벤트 – 선암사 차 울력?

페이퍼웍에 휘둘리는 국민 혈세 지원사업

2023년부터 국가유산청(옛 문화재청) 예산 등 국·도·군비가 망라되어 지원되는 문화재전승공동체활성화지원사업이 시행되고 있다. 2025년도 이 사업 지원 대상으로 '전통 제다(국가무형문화재 제130호)' 분야에서 '제다 문화 조사와 교육을 중심으로 하는 유네스코 세계유산 선암사 차–울력 전승공동체 및 제다법 활성화 사업'이 선정되었다.

필자는 2001년~2003년 당시 한겨레신문 기자로서 선암사 주지 지허 스님을 2년간 취재하여 선암사의 차와 차밭 및 제다를 〈한겨레신문〉 지면을 통해 세상에 알렸고, 2003년『지허스님의 차』라는 책을 기획·출간한 이후 지허 스님 열반시(2023년)까지 그분과 차에 관한 소통을 꾸준히 이어온 바 있다. 이 일이 계기가 되어 전통차의 본질이 왜곡되어 전통 차문화가 쇠멸해 가고 있다는 지허 스님의 한탄과 권고로 오늘의 산절로야생다원을 일구어 전통 차문화 복원 운동을 하게 되었기에, 선암사의 제다법과 제다 인력 구성 등 선암사 차의 내력을 현존하는 차인이나 차 학자 여느 누구 또는 현재의 선암사 중들보다 잘 알고 있다고 생각한다. 이런 전제하에, 요즘 순천 학계와 차계 일부의 선암사 차에 대한 지극히 허위적이고 과장된 주장을 반영한 사업안이 국가유산청의 전승공동체활성화지원사업 대상으로 선정된 것을 보고, 공적 마당에서 벌어지는 이런 부정적인 차 관련 행태를 차 학계 후학들과 차세대 차인들이 반면교사 삼기를 바라며 이 글을 쓴다.

이 글에 비판적으로 언급된 이들에게는 차인으로서 양심 회복과 성찰의 계기가 되기를 바라며 또한 건강한 반론을 기대한다. 필자는 한국 전통차와 차문화의 정체성 정립을 목표로 전통 차문화 복원 운동을 하고 있는 입장에서, 특정 소수가 남도 차 산지 차 행사들을 주도하며 소기의 목적 달성을 위해 전통차와 차문화의 본질을 왜곡하거나 훼손시키는 일에 국민 혈세가 지원되는 것은 지허 스님의 걱정대로 한국 차 사양화를 부채질하는 결과를 초래할 것이라고 생각한다.

〈서울신문〉 2023년 6월 21일 치에 '유네스코 세계문화유산 선암사 차 울력 재현 "눈길"'이라는 기사가 실렸다. 기사에 따르면, ○○○○선차연구보존회가 ○○대 ○○○문화연구원과 함께

"국내에서 유일하게 전승되고 있는 사찰 차 울력 행사를 천년고찰 선암사에서 재현해 눈길을 끌었다"는 것이다.

위 기사에서 ○○○○선차연구보존회 ○○○ 이사장은 "1,000년 전의 전통을 그대로 표현해 주신 스님들께 감사드린다"고 말했다. 또 ○○대 ○○○문화연구원 ○○○ 연구교수(○○전통문화산업개발원장)는 "차 울력은 무형문화재 제130호 제다와 관련한 중요한 자산이자 국제적으로 사례를 찾아보기 어려운 중요한 농업유산"이라고 가치를 부여했다. 그런데 선암사 주지 시각 스님은 "선암사의 음다 풍속에 관한 기록은 11세기 중창조인 대각국사의 시문에서 찾아볼 수 있으나, 차 울력은 관습적으로 전승돼 내려와 유래를 알 수 없다"고 밝혔다.

위 세 사람들의 각각 상충하는 말과 기사문을 종합해 보면, "1,000년 전의 전통을 재현"했다(○○○)고 했으니 선암사 차 울력이 현행되고 있지는 않다는 것이고, "1,000년 전의 일을 그대로 표현해 주신 스님들께 감사드린다."(○○○)는 말은 지금 전승되지 않는 일을 행사 기획 목적에 맞춰 재현해 주었다는 의미로 들린다. 또 선암사 주지의 증언에 따르면 '선암사 차 울력'이 유래를 알 수 없어 '1,000년 전의 전통'이라고 할 수도 없다. 결론적으로, "국내에서 유일하게 선암사에 전승되고 있는" 것이거나 '1,000년 전의 전통'이라고 할 수도 없는 '선암사 차 울력'이라는 것을 특정 목적을 염두에 두고 기획·재현한 것에 불과하다는 점이 드러난다. 따라서 제다 관련 기록이 전무한 1,000년 전의 가상적인 일이 2016년에 국가무형문화재 제130호로 지정된 "제다와 관련한 중요한 자산"이라는 주장은 소기의 기획 목적을 합리화하기 위한 허위 또는 과장으로 받아들여진다.

'유네스코 세계문화유산 선암사'라는 말 뒤에 '차 울력'이라는 말을 붙인 것에서는 언론 플레이를 위한 기획 의도가 강하게 느껴진다. 위 기사에 실린 사진과 설명처럼 선암사의 몇 중들이 자신들이 마실 차 만드는 일을 기획된 시나리오에 따라 일시적 시범으로 보여준 것을 '전통적인 촌락 사회에서 촌락 주민들이 힘을 합하여 무보수로 남의 길흉사나 일을 도와주는 협동 방식'(사전적 의미)인 상시적 '울력'이라 할 수 있을까? 또한, 현재 전승되고 있다면, 유네스코 세계문화유산에 걸맞게 매년 제다 철에 연례적으로 현행되고 있어야 할 텐데 왜 "1,000년 전의 모습"으로 기획·재현하는가?

특히 "1,000년 전의 전통, 선암사에서만 유일하게 전승되는, 국제적 사례가 없는 중요한 농업 유산"이라고 하면서 "구증구포 제다를 한다"(위 기사 사진과 사진 설명에서)는 것은 한국 전통 제다의 정체성을 결정적으로 훼손시키는 대목이다. '찻잎을 아홉 번 찌고 아홉 번 말린다'는 의미의 '구증구포(九蒸九曝)'는 다산이 차시에서 자신의 증제 제다를 두고 한 말이다. 즉 '1,000년 전의 차 울력 제다'와 무관한 조선 시대 후기의 증제 제다 방식이다. 이 행사를 연 ○○○○선차보존연구회 ○○○ 이사장은 자신의 저서 『제다』를 포함한 여러 곳에서 '구증구포'를 덖음 제다 방식으로 오인하여 주장해 왔는데, 이는 차계에 논란을 일으키고 있다. 증제 제다 방식인 '구증구포'는 덖음 방식인 선암사 차 제다에서는 오히려 녹차의 본질적인 '진향'을 날려버리게 된다. 즉, '1,000년 전 전통'을 말하면서 선암사 덖음차 제다에서 '구증구포'를 주장하는 것은 한국 제다사를 부인하고, 전통 제다의 정체성과 전통차의 품질을 훼손시키는 일이라고 할 수 있다. '구증구포'를 외치는 덖음 제다에 국민 혈세가 지원된다면, 국가 기관이 이를 공인하는 셈이 되어 한·중·일 차 학계와 차계의 조롱거리가 될 것이다.

시대적 변화에 따라 현재 시행되지 않으며, 직접 당사자인 선암사 주지의 증언에 따르면, 고려 시대의 일이라는 근거가 없는 일을 '1,000년 전 고려 시대의 일'이라고 가상 단정하여 재현하는 것이 오늘날의 제다와 무슨 관계가 있기에 중요한 농업 유산일까? 제다가 농업인가? 차 학계에서도 조선 시대 이전 제다에 관한 기록이 없다는 사실이 밝혀진 바 있으며, 선암사 주지가 그 유래를 부인하는데도 "1,000년 전의 전통"이니 "제다와 관련한 중요한 농업유산"이니 "1,000년 전의 전통 재현"이니 하는 말을 들어보면, 이 '선암사 차 울력'은 소기의 목적을 위한 사전 포석으로 행사 기획 전문가에 의해 현란한 신조어로써 연출된 기획이벤트일 개연성을 안고 있었다. 아니나 다를까, 이 행사는 1년 후인 2024년 9월 11일 국가유산청 발표에 따르면 '2025년 전승공동체활성화지원사업 대상'으로 선정되었다.

여기에서 국민 혈세 낭비 및 국가무형문화재인 전통 제다를 포함한 한국 차문화를 왜곡·훼손하는 일을 저지하기 위해서는, 찻일 행사 기획으로 먹고사는 이들이 허구의 일을 꾸며 벌이고 이에 대해 국가 기관이 무분별하게 국민 혈세를 지원하는 행태에 대해 외부의 대중 지성적 검증과 문제 제기가 필요하다는 생각이 든다.

이른바 '선암사 차 울력'의 실상은 '울력'이 아니다. 내가 선암사 제다의 주역이자 산 증인이었던 당시 주지 지허 스님으로부터 2001년부터 2003년까지 2년여간 취재하고 직접 목격한 선암차 차 제다는, 여느 제다나 노동력이 필요한 작업과 마찬가지로 널리 유급 자원봉사자를 구하거나 인근 마을 아낙네들에게 일정액의 임금을 주고 필요한 일손을 빌리는 것이었다. 이는 선암사뿐만 아니라, 요즘 선암사 보다 제다로 훨씬 더 유명한 인근 화엄사 구층암 덕제 스님 제다에서도 해마다 볼 수 있는 일이다. 즉, 위 기사에서 '선암사 차 울력'이라고 이름 붙여진 것과 같은 찻일은 "국제적으로 사례를 찾아보기 어려운 농업 유산"(ㅇㅇㅇ)이 아니라, 오늘날 여느 절이나 어느 수제차 제다 농가 또는 어느 작업 현장에서도 보편적으로 행해지고 있는 일반적인 인력 동원 작업 형태에 불과하다.

공공 지원금을 타내기 위한 방편으로 작성된 페이퍼웍에서 '유네스크 세계문화유산'이라는 이름을 빌려 사실과 동떨어진 '차 울력' 등 별별 말을 꾸며 포장하고, 이에 혹하여 아무런 문제 제기나 팩트 체크 없이 넘어가는 세태는 한국 전통 차문화의 앞날에 재앙을 예고하는 것과 다름없다. 다음에는 또 여느 제다 양태에 어떤 현란한 거짓으로 장식된 지원금 신청서가 전승공동체활성화지원사업이나 다른 국민 혈세 지원사업 공모에 내밀어질지, 한국 차 학계의 후학들이나 차세대 차인들이 이런 행태를 답습한다면 한국 전통 제다와 전통 차문화는 허구, 허위, 위선, 과장과 거짓의 현란한 경쟁으로 얼마나 더 기형화될지 걱정된다.

이러한 일들은 전통 제다의 정체성 훼손은 차치하고 차와 찻일을 오로지 수익성에 초점을 맞춰 산업화·상업화하자고 주장하면서 차 관련 행사를 기획하는 일로써 이익을 챙기는 이들에 의해 빈번히 벌어지고 있다. 예컨대 2023년에는 '월출산 1,000년의 차문화 역사'와 '조계산 1,000년의 차문화 역사'라는 차 학술 세미나가 연이어 기획돼 열렸다. 조선 시대 이전 제다에 관한 기록은 전무함에도 불구하고 '○○산 1,000년의 차문화 역사'라는 명칭을 내세워, 근거 자료가 희박한 고려 시대 차문화까지 위장 소환하여 행사 기획 목적에 이용하고 있다.

무슨 일에서든 상업성이나 이기적인 목적이 깊이 개입되면 진정성이나 본질이 밀려나는 본말 전도가 발생하기 마련이다. 위 사례에서도 사실이나 본질에서 동떨어진 현란한 꾸밈말에서 그런 측면이 드러난다. '전통 제다'의 문화재 지정 취지는 전통 제다의 문화재적 가치를 계승·보존·발전시켜, 차별적인 문화

아이템으로서 한국 전통차의 품질을 유지 · 제고 · 계승시키자는 것이라고 생각한다. 어느 제다 현장에서나 일어나는 일반적, 보편적, 상식적인 인력 동원 형태의 제다 노동을 '울력'이라고 과포장하는 것이 전통 제다 기능 향상과 한국 전통차 품질 제고에 도움이 되겠는가.

전통문화의 무분별한 상업화 또는 전승공동체활성화지원사업 지원금 획득을 목표로 한 전조증상은 다른 곳에서도 보인다. 전남 무안문화원은 2024년 여름 '초의 발효차'라는 항목이 포함된 막걸리 간장 등 '발효 식품 연대' 관련 강의 프로그램을 운영했다. '초의 발효차'란 녹차 제다에 일관한 초의의 제다나 한국 제다사에 없는 것이다. 국가유산청의 전승공동체활성화지원사업 지원 항목에 '전통 발효 식품류'가 포함되어 있으니, 무안이 초의의 탄생지라는 연고성과 '초의차'라는 이름을 이용하여 '전통 발효 식품' 항목으로 전승공동체지원사업 공모에 응모하고자 '초의차'를 '초의 발효차'라는 이름으로 둔갑시키고, 위 '선암사 차 울력' 언론 플레이와 같은 사전 정지 작업으로서 이 교육 프로그램을 운영한 것으로 보인다. 여기에도 '선암사 차 울력' 기획에서와 동일한 차 상업화 행사 관련 페이퍼웍 기획 전문가(이른바 '행사기획 꾼')가 관여하고 있는 것이 엿보인다.

위 기사에서 '선암사 차울력' 행사를 기획 · 연출한 단체로서 ○○○ 연구교수(○○전통문화산업개발원장)가 소속된 ○○대 ○○○문화연구원은 2021년 한국연구재단으로부터 6년간 18억

2002년 봄 선암사 칠전선원 선방에서 필자에게 차를 내어 주시는 지허 스님.

『지허스님의 차』

지허 스님의 제다 시범1(2003년 봄 선암사 칠전선원).

지허 스님의 제다 시범2(2004년 봄 낙안읍성 금둔사). 이처럼 사찰제다는 차 울력이라는 외부 노동력을 필요로 하지 않는다. 사찰 승려들 자체 노동력으로 충분하기 때문이다.

원의 지원금을 받는 '한국 전통 제다 기법의 역사적 원형 복원과 현대적 계승을 위한 DB 구축 사업 시행자로 선전되어 프로젝트 수행 중이다. 또 ○○○○선차연구보존회는 2024년 4~5월 '제1회 청년제다학교'를 개설해 제다 교육을 실시하는 등 전남 일대 청소년 다도 교육과 일반인 제다 교육을 많이 하고 있다. 이처럼 '선암사 차 울력' 재현 행사를 주도한 두 기관 모두 2025년 국가유산청의 지원사업과 동일한 내용인 '제다 문화 조사(전통제다 DB구축 사업)와 교육'이라는 명목으로 이미 소정의 공공지원을 받고 있는 셈이다. 국가유산청의 〈2025년 전승공동체활성화 지원사업 계획〉에는 '◇ **지원 제외 대상** ○ **타 지원사업과 중복**되는 사업'이 명시돼 있다.

14

한국 차문화 사양화와
진감 선사의 가르침

(2024년 10월 10일 하동 화개골 쌍계사에서 '쌍계사와 차나무 시배지' 세미나가 열렸다. 필자는 여기에 토론자로 참석하였다. 김세리 한국차문화산업연구소장의 발제문 '〈眞鑑禪師大空靈塔碑文〉를 통해 보는 차인(茶人) 혜소(慧昭)와 고운(孤雲)'에 대한 필자의 토론문을 발제문의 핵심내용과 함께 싣는다.)

흔히 특정 주최 측에 의해 주문된 주제에 대한 발제는 주최 측의 의도에 맞춰 논거를 짜맞추거나 주최 측의 의도를 실현하는 쪽으로 주장을 합리화하거나 견강부회하는 경우를 볼 수 있다. 이 발제문의 미덕은 그러한 우려의 여지를 남기지 않고 있다는 것이다. 따라서 이 토론문에서는 발제의 문제점을 지적하거나 의문을 제기하기보다는 발제의 핵심적인 내용을 재강조하여 청중과 독자의 이해를 돕고, 약간의 보완을 더하고자 한다.

우리가 오늘 세미나에서 가장 주의 깊게 봐야 할 대목은 眞鑑禪師大空靈塔碑文 중에서 차와 관련된 구절이다. 이는 우리나라 최초의 (불가) 다도 관련 문구로서, "한국 차문화의 중심이 불교"라는 입장에서는 眞鑑禪師大空靈塔碑가 국보인 만큼이나 차문화사적 가치가 높은 자료일 것이다. 그러나 불가에서는 물론 한국 차계나 차 학계에서 이 문구를 의미 있게 바라보는 시선은 많지 않았다. 혹 한국 차(학)계에서 다도의 진정한 의미에 대해 관심을 갖는 이들은 지극히 간략한 이 문구를 어떻게 의미 부여하고 해석할 것인지가 숙제였다.

그런 맥락에서 볼 때, 이 발제문은 불가 다도 또는 한국 다도와 차문화의 본질에 대한 해묵은 숙제 한 가닥을 여는 열쇠 역할을 하고 있다. 비문을 쓰게 된 최치원의 차 인식에서부터 당나라 차문화에 이르기까지 관련 자료를 애써 취합한 노력이 돋보인다. 위에 말한 대목에 대한 발제자의 해석은 다음과 같다.

復有以漢茗爲供者 則以薪爨石釜 不爲屑而煮之曰 吾不識是何味 濡腹而已 守眞忤俗 皆此類也°

또 漢茗〔중국차〕을 올리는 자가 있으면, 돌솥에 불을 지피며 가루로 만들지도 않고 끓였다.〔煮〕그리고 말하기를, "나는 이 맛이 어떤지를 알고자 하지 않으며, 그저 뱃속을 적실 따름이다." 하였다. 참됨〔眞〕을 지키며 속(俗)을 거스름이 이와 같은 類였다. (최치원의 해석)

누군가 중국 차를 선물하면 그것을 가루 내 체에 쳐서 끓이는 방법을 쓰지 않고 간소하게 돌솥에 그대로 끓여 마시며, 차 맛에 대해 좋고 나쁨을 분별하지 않는다는 것으로 진감 선사의 승려다운 면모를 나타냈다.

선사가 추구하고자 했던 음다법은 과정을 최소한으로 검소하게 마련하여 마시는 것에 의미를 두고 있다. 행례에 무게를 싣고 과시를 위한 차는 불교에서 추구해야 할 음다법이 아니라고 판단했을 것이다. 수행의 일과로서 차를 마셔 정신을 맑게 하고 심신을 보존하는 것이 불교에서의 음다법이라고 반어적 강조를 하고 있는 것이다.

진감 선사의 전반적인 성향을 고려했을 때 기교 없는 담박함, 자연에 거스름이 없는 자연스러움을 추구했을 것으로 보인다."(발제자의 해석)

진정한 수양 다도에 대해 고산 스님은 저서 『茶道儀範』(고산저, 성보문화재연구원, 2008, 35쪽)에서 "다도란 법도에 맞게 차를 즐김으로써 삶의 여유와 사색을 추구하고 몸과 마음을 다스리는 것을 말한다. 다도를 단지 차를 달이고 마시는 방식으로 이해하는 것은 잘못이며, 이러한 방식을 통해 정신적 고양을 꾀하여 자연과 합일된 건전한 삶의 길을 추구하는 데까지 나아가야 한다"고 주장했다.

진감 선사와 고산 스님의 다도관을 간추리자면, 다도란 수행의 일과로서, 기교 없는 담박한 정신적 자세와 행다 양식으로서 단지 법도에 맞게 마시는 것으로 심신이 자연합일(천인합일)의 경지에 이르는 것이다.

이 발제문은 결론으로 오늘날 한국(불가) 차문화의 왜곡된 모습을 신랄히 지적하고 바람직한 방향을 간곡히 제시하고 있다.

"불교에서 향과 차는 심신을 정화하는 중요한 수단이지만, 다루기에 따라 상당히 고급스럽거나 사치스러운 문화로 흐르기 쉬운 소재였다. 진감 선사는 바로 이러한 부분에 대해 냉정하고 단호하게 나름의 정의를 내리고 있다. 그는 참됨을 지키고 세속의 흐름을 거스른다는 '수진오속(守眞忤俗)'의 정신을 명확히 하고 있다. 이는 음다 방식에서도 동일하게 적용된다. 차 맛에 대해 좋고 나쁨을 분별하지 않는다는 것은 모른다는 것과는 전혀 다른 말이다. 어떤 차이든 간에 간결한 방식을 채택하고 본질과 마주하겠다는 진감 선사의 의지가 녹아 있는 내용이다. 이는 상당히 중요한 진감 선사의 차의 정신이자 쌍계사 차문화가 지니는 정체성이기도 하다. 쌍계사는 한국 차 역사에 있어서 중요한 입지와 위상을 지니고 있지만, 아직 그 의미에 대해서 널리 알려지지 못한 부분이 있다. 이러한 때에 진감 선사의 수진오속 정신에 대해서 그 진정한 의미를 이해하는 것은 중요하다."

"2024년 오늘날 우리의 차문화와 차 정신은 어떠한가? 본질과 주체성을 잊은 채 '俗'의 방향으로 흐르고 있는 것은 아닐까? 최치원이 언급한 '녹유(綠乳)', '금정(金鼎)', '향고(香膏)', '옥잔(玉甌)' 등의 용어는 사실 수준 높은 전다법과 고급 차문화에서 지칭되는 전문 용어이다. 이는 진감 선사 또한 잘 알고 있는 용어였겠지만, 당나라 차문화와 우리의 차문화의 결이 다르고, 불교에서 추구할 차문화와 정신은 기존의 향유 문화와는 다르기에 선사는 나름의 기준을 피력하고 있는 것이다. 진감 선사가 추구하는 기교 없는 담박함과 자연에 거스름이 없는 자연스러운 삶과 교감은 오늘날을 살아가고 있는 차인들에게 필요한 차의 본질적인 정신이다. 이제 진감 선사의 정신을 바탕으로 그 세세한 세목을 준비하고 실천하는 일은 후세들의 몫이다. 진감 선사의 정신을 기반으로 한 쌍계사의 건강한 차문화가 만들어지길 바란다."

과연 불교가 한국 차문화의 중심 역할을 해 왔는가?

밑줄 친 부분과 관련하여 좀 더 말하자면, '초의차' 주장자들에 따르면 앞에서 언급했듯이 "불교가 한국 차문화의 중심"이었다. 그러나 오늘날 불가의 차문화 모습은 그렇지 않다. 현재 커피 식민주의와 보이차 사대주의에 밀려 한국 전통차인 녹차와 이에 기반한 수양 다도가 정체성을 상실하며 함께 자취를 감춰가고 있다. 그 자리에 외래차와 대용차에 기반한, 역사적 근거가 불명확하고 정체불명인 외형과 규모 위주의 '다례'라는 것이 성행하고 있다. 이는 불교가 한국 차문화의 중심 역할을 하지 못하고 있다는 다른 말이기도 하다. 대형 사찰에 커피 자판기들이 들어선 지 오래고, 깊은 산속 토굴에서 독거 수도승이 조주 선사 초상 앞에서 원두커피를 직접 갈아 마시는 모습을 보기 어렵지 않다. 템플 스테이의 다도 체험에서 주지가 거대한 차탁에 보이차를 잔뜩 따라놓고 "다선일미 거룩한… 어쩌고 저쩌고…" 하는 다소 씁쓸한 모습도 자주 볼 수 있다.

"진감 선사(와 고산 스님)의 정신을 기반으로 하는 쌍계사의 건강한 차문화가 만들어지길 바란다"는 발제자의 간절한 주문은, 오늘날 위와 같은 불교 차문화의 왜곡된 양태를 걷어내고 본질로 돌아가라는 외침이라고 생각한다. 단순히 차 시배지 연고성을 주장하는 것만으로는 이런 문제가 해결되지 않는다. 쌍계사 차 시배지 연고성 주장은 쌍계사가 그만큼 한국 차문화를 본질적인 면에서 되살려내야 한다는 사명을 강조하는 것이어야 한다고 생각한다.

이런 맥락에서 좀 더 구체적인 제안을 하자면, 우선 쌍계사가 진감 선사 비문 앞에서 연례적으로 여는 고려 시대 명전희(茗戰戲) 재현 행사는 진감 선사나 고산 스님의 차(다도) 정신에 정면으로 배치된다. 두 분의 차 선현은 결코 차를 기호식품으로서의 품질 감별이나 유희(遊戲)의 대상으로 보지 않았기 때문이다. 차 학계에서 차문화의 핵심이자 본질은 '제다와 다도'라는 데 이의가 없다. 제다는 초의 스님 말씀(採盡其妙 造盡其精)처럼 생찻잎에 든 우주의 청정 기운이자 활력 에너지인 다신(茶神)[1]을

---

1   초의 스님은 명나라 장원이 지은 『다록』의 요점(만보전서의 '다경채

완제차(녹차)에 잘 보전해 담는 일이고, 다도 역시 초의스님 말씀처럼 그 완제차에 든 다신을 차탕에 이상적으로 우려내어(中正), 그것을 마심으로써 다신을 우리 심신에 이입시켜 다신의 매개로 우주 자연과 하나 되는 일(獨啜曰神))이다. 이렇게 제다와 다도는 다신을 아우르고, 그 다신을 다시 우리 심신에 이입시켜 자연합일의 기제로 활용한다는 점에서 불가분의 관계를 이루고 있다.

조계종의 선명상 운동과
쌍계사가 한국 차문화의 중심체로서 거듭나는 길

쌍계사가 한국 차문화의 중심체로서 한국 차문화(제다와 다도)의 본질을 살려내는 일은, 차 시배지다운 (야생)찻잎으로써 다신을 잘 보전하는 제다를 시범적으로 수행하고, 그 차로써 진감 선사와 고산 스님이 일러준 바 있는 진정한 다선일미의 수행 다도를 실천하여 대중의 차 생활을 선도하는 모범을 보여주는 것이다. 때마침 조계종에서 선명상 운동을 벌인다고 한다. 다

요")을 베껴 적으면서 책이름만은 "다신의 중요한 뜻을 전한다"는 의미로 '다신전(茶神傳)'이라 했다.

선일미 또는 끽다거는 고래의 조사들이 차를 도반으로 삼아 수행해 온 선명상의 가장 세련되고 효율적인 방법이라고 할 수 있다. 조계종 선명상 운동에 있어서 쌍계사의 '한국 (불가)차문화 본질 되살리기'가 구심점 역할을 할 필요가 있다는 말이다.

끝으로 이 기회에 빼놓을 수 없는 것이, 발제문에서도 언급된 쌍계사의 원 이름인 '옥천사'의 유래가 된 '옥천' 이야기다. 필자가 30여 년 전 한겨레신문 기자로서 '쌍계사 금당 옥천'을 취재한 일이 있다. 당시 옥천은 '음·양수'라는 기론(氣論)적 이름을 지닌 채 금당 마당 한 켠에 쌍둥이 샘물로 오롯이 앉아있었다. 음수는 뿌연 젖빛 색깔을 띠고, 양수는 맑고 투명한 빛을 띤 작은 샘물이었다.

『속다경』 지문 중에 "왕옥산(王屋山)에 대한 내용을 〈통지(通志)〉에서 살펴보니 옥천은 농수 위에 있는데, 노동이 여기에서 차를 우렸다(王屋山按通志 玉泉在瀧水上 盧仝煎茶於此)"라고 한 대목이 나온다. 옥천은 좋은 물로, 차의 진수를 잘 드러낼 수 있는 샘물을 말한다. 그래서 '七碗茶歌'를 지은 당나라 시인 노동이 옥천 물을 차탕물로 쓰지 않았겠는가.

진감 선사와 고산 스님이 차탕을 우린 물도 틀림없이 쌍계사 금당 옥천 음양수였을 터이다. 쌍계사가 차 시배지로서의 주장을 이어가기 위해 '옥천사'라는 이름의 유래와 함께 금당 옥천의 존재를 부각시키고, 그 옥천 수맥으로 자란 찻잎으로 만든 녹차를 옥천물에 우려서 다선일미의 진정한 수행 다도를 실천하는 모습이야말로 한국 차문화의 중심체로서 쌍계사가 거듭나는 일이 아닐까 생각한다.

쌍계사 금당 옥천 음양수

15

한국 차(학)계의 민낯,
이런 에피소드

"기 절하세요~!"

나는 서문 끝머리에 "이 책의 글에서 비판된 내용의 당사자들
은 학술적 비판을 '비난'으로 여겨 감정적 대응하기를 자제하고,
한국 차학과 차문화 발전을 위해 SNS나 이메일 또는 기고나 저
술을 통해 논리적인 글로써 건강한 반론이나 토론을 제기해 주
기 바란다."고 썼다.

이런 일이 있었다. 몇 해 전 광주 김대중센터에서 열린 차 축
전 행사장에 국립 목포대 부스가 설치되어 있었다. 그 무렵은
내가 목포대 대학원 차 관련 학과 일부 교수들이 장흥 청태전 복
원 사업에 이어 보성 뇌원차 복원 사업을 한 일을 비판하던 때였
다. 목포대 부스에는 목포대 대학원 차학과 출신으로 보이는 40
대 여성 서너 명이 방문객을 맞고 있었다. 내 소개를 한 후 앉아

서 차를 한 잔 얻어 마시려던 참에, 마침 목포대 차문화산업연구소가 펴낸 보성 뇌원차 복원 프로젝트 연구보고서 이야기를 꺼냈다. 연구보고서의 "(뇌원차 제다) 관련 기록이 없어서 중국 기록(아마 용단승설차에 관한 송대 『북원별록』)을 보고 장님이 코끼리 다리 만지는 식으로 만들었다(뇌원차를 복원했다)."는 대목을 가리키며 "이른바 국립대 차학과 산하 차학 연구소 교수들이 학자로서 쓴 연구보고서에서 '근거 자료가 없어서 장님이 코끼리 다리 만지는 식으로…'"라고 말하는 것을 보고서 기절할 뻔했다"고 말했다. 내 말이 떨어지자 0.1초도 안되어 앞에 있던 여성이 포효했다. "기절하세욧!"

옆 부스 사람들이 걱정 어린 눈빛으로 넘어다보았다.

"인생 그렇게 살지 마시오…"

또 이런 일이 있었다. 2024년 10월 10일 하동 화개골 쌍계사에서 '쌍계사와 차나무 시배지'세미나가 열렸다. 영담 회주 스님이 직접 썼다는 초대의 글에 "천년을 살 수 없는 (관목)차나무를 '천년 된 최고 차나무'라고 사실과 다른 내용으로 과장된 홍보가 되어 이러한 점을 바로 잡고…"라고 세미나 여는 취지가 설명되어 있었다. 한국 차문화 왜곡 현상을 비판해 온 나로서는 놀랍고도 반가운 글귀였다. 나는 이 세미나에 토론자로 참석하였다. 세미나가 열리기 전 접대실에서 회주 스님과 좌장으로 온 정재숙 전 문화재청장, 발제자, 토론자들이 인사하고 환담을 나누는 자리에서 남녀 둘이 앞줄에서 유독 회주 스님께 무언가 열심히 이야기를 하고 있었다. 그들의 이야기를 얼핏 들으니 자신들이 찻일(차 행사)을 30년 넘게 하고 있다는 홍보를 장황하게 하면서 무슨 모색을 하는 것 같아서 나는 고개를 푹 숙이고 한숨을 쉬고 있었다. 잠시 후 누군가 내 옆을 스치면서 나에게 언어폭력을 퍼붓는 낌새가 느껴졌다. **"인생 그렇게 살지 마시요!"** "뭔소리 하는 거요?" "자신이 더 잘 알 것 아니요"

그 여인은 고려○○○국제차연구회라는 차 행사 단체 대표 ㅈ아무개 씨였다. 또 옆에 보디가드처럼 붙어 다니는 남성은 국립순천대학교 교수, 고려○○○국제○차연구○회 한국차문화제다교육원 원장, 한국전통문화산업개발원 공동대표, 기후위기극복실천문화원 이사, K전통문화학술원 상임이사, 2023하동세계차엑스포조직위원회 기획전문위원(2023년 4월 1일~현재), 하동한국차유통센터 세계차은행 자문위원, 한국차문화예술협회이사, 한국다도문화원 기획이사, 외 12개의 직위를 더 겸하고 있다고 써놓은(2024년 10월 11일 현재 그의 페이스북 프로필 란에서) ㄱ아무개 씨였다.

그 두 사람은 공공 지원금을 받아내는 차 행사에서 속성상 최상의 케미를 이루어 최근 '조계산 1,000년의 차' 등 차 행사들을 주도하고 있다. 순천 선암사 말사 향림사에서 '100년 된 죽로차밭'이 발견되었다고, "죽로차가 아미노산이 많아 좋다"고 주장하면서 이를 그들의 차 행사 홍보에 이용하고 있다. 나는 ㅈ아무개씨가 언제부터인가 덖음 제다를 하면서 '구증구포'를 주장해 오고 있는 것이 전통 제다 이론에 맞지 않는 낭설이라고 비판해 왔고, 이들이 과장된 언설로 차의 산업화·상업화를 주장하면서 공공 지원금을 받아 각종 차 이벤트를 벌임으로써 결과적으로 한국 전통 차문화를 왜곡시키고 있다고 비판한 바 있다. ㅈ아무개씨의 언어폭력은 이에 대한 반응이었을 것이다. 나는 이날 세미나 토론 발언에서 마침 이 둘이 단짝으로 청중석에 앉아 있기에 "회주 스님이 초대의 글에서 '천년을 살 수 없는 차나무를 천 년 된 최고 차나무라고 사실과 다른 내용으로 과장된 홍보를 하고 있다'고 말씀하셨듯이, 한국 차문화를 왜곡시키는 사례가 '조계산 1,000년의 차'와 같은 근거 없는 주장이고, (향림사 백 년 된) 죽로차 밭이 그렇게 좋은 것이라면 왜 쌍계사 차 시배지를 쌍계사 인근에 흔한 대밭으로 하지 않고 야산에 심었겠느냐"고 말했다.

이 세미나에서는 또 회주 스님의 "천년을 살 수 없는 차나무…" 발언을 두고 화개골의 한 다원 주인이 "천년차가 왜 안 좋은지 이유를 말해달라"고 항의성 질문을 했다. 회주 스님은 "교목은 몰라도 관목 차나무가 천년 살 수 없다는 것이며, 차밭은 천 년 된 것이 있을 수 있다"고 다독거려 무마했다. 나는 여기에 "골동품 빼고 오래된 것일수록 좋은 것이 없다. 보이차도 오래될수록 카테킨과 테아닌이 산화와 미생물 발효로 유실돼 버려 차로서 가장 가치가 없는 것"이라고 덧붙였다.

달 가리키는 손가락 가리키며 힐구하다.

이날 또 다른 해프닝은 ㅂㅇㅇ씨의 경우다. 그는 온갖 자료들을 가지고 사찰 차 행사 등 각종 차 세미나와 차 행사에 좌장, 발제자 또는 청중으로서 거의 빠짐없이 참가하며, 주최 측의 구미에 맞는 이슈 메이커 역할을 주로 한다. 그가 쓴 글들을 보면, 어설픈 논문들이 그렇듯이, 다양한 자료들의 나열은 거창하지만 그 자료들에서 창의적인 의미를 엮어내는 일은 별로 볼 수 없다. 나는 그가 자료조사 전문가이자 비판의식 부재의 차 담론가로서 한국 차문화를 왜곡시키는 데 일조하는 '차 담론 주도 차 명망가 카르텔'의 일원이 아닌가 생각한다.

나는 이날 세미나에서 수·당에 갔던 구법승들이 차를 도입했다는 주장에 대해 이렇게 말했다. "그들이 도입했다는 차는 음다풍을 말하는 것이지, 차문화의 핵심인 제다나 다도가 아니다. 초의 선사가 다신전 발문에 '총림에 조주풍은 있으나 다도(제다-장다-포다)는 애써 모른다'고 했듯이, 초의 이전에 총림에서 적극적인 제다를 하지 않았다. 사하촌이나 향, 부곡, 소 등 이른바 하층 집단에서 제다한 차를 들여다 마셨다. 숭유억불로 사찰 재정이 파탄돼 차문화가 위축됐다는 주장은, 그때까지 사찰에서 외부 제다 차를 사다 마셨음을 입증한다."

ㅂㅇㅇ씨가 벌떡 일어나 톤을 높여 "사하촌이나 하급 집단에서 제다했다는 근거를 대라! 초의 이전에 총림에서 제다를 하지 않았다는 근거는 뭐냐?"고 했다. "보성 뇌원차 복원 연구보고서에 전남과 경남 지역에서 제다했던 하층 계급 집단들의 명칭과 장소가 나와 있다. 초의 이전에 총림에서 제다를 하지 않았다는 근거는 초의의 다신전 발문이다" ㅂㅇㅇ씨는 더욱 얼굴을 붉히며, 빼앗긴 무엇을 탈환이라도 하겠다는 듯 절규했다. **"아암이 제다했다는 기록이 있다고오~!"** 정재숙 좌장이 이제 됐다고 마이크를 막았다.

이때 내가 더 하지 못한 말을 여기에서 ㅂㅇㅇ씨에게 전하겠다. "맞다. 당신 말대로 아암 혜장이 제다한 것처럼 보이는 기록이 있다. 다산이 아암에게 차를 달라고 쓴 걸명소가 그것이다. 또 다른 글에서 다산이 "상좌가 나에게 차를 주는 것을 보고, 아암이 나를 위해 만든 차를 두고도 주지 않았다"는 대목도 있다. 그것이 아암이 차문화사적으로 의미 있는 수준의 직접 제다를 했음을 입증하거나, 총림 차원에서 전승될 만한 제다를 하지 않았다는 초의의 기록을 뒤집을 수 있는가?

아암은 대흥사에서 초의와 같이 있었다. 아암이 제다했다면 초의가 옆에서 이를 보았을 것 아닌가? 설사 아암이 직접 제다를 했다 하더라도 아암이 초의 '이전 시대에' 제다를 한 사람이라고 할 수 있는가? 이덕리의 『동다기』에 따르면 아암과 초의 훨씬 이전에 진도 일대 사찰에서 증배 제다를 했다고도 한다. 그런데 훗날 초의는 왜 이것들을 부정하는 글을 남겼을까? 그것은 "불교가 한국 차문화의 중심"이라는 주장을 뒷받침할 만큼 총림 차원에서 제도적으로 정립·정착될 만한 제다다운 제다를 하지 않았다는 말이 아닐까? 단순한 부스러기 기록의 유무를 목숨 건 듯 따지는 의도는 무엇인가. 그럴 시간에 손가락 끝 달을 보는 게 차문화 발전에 도움 되지 않겠는가.

16

한국 차(학)계의
『다부』·『다신전』·『동다송』왜곡과 오역

한국 차학계와 차계(차인, 차단체)에서 한국 차학 및 차문화를 오도하고, 제다와 행다에 혼선을 빚어 궁극적으로는 대중의 차생활 및 차산업에 부정적 영향을 끼치는 것으로 '한국 차의 고전'이자 '차학 교과서'라고 할 수 있는『다부(茶賦)』와『동다송』및『다신전』의 핵심 내용, 책을 쓰게 된 동기와 목적을 적은 발문(跋文) 등에 대한 왜곡 및 오역을 들 수 있다. 여기에서 오역이란 편의주의적 또는 아전인수적 해석을 말한다.

『다신전』은 1830년 초의 선사가 명나라 장원의『다록』의 주요 내용이 청나라 모환문(毛煥文)의『만보전서』에 「다경채요」라는 이름으로 실린 것을 필사하여 엮은 책이다. 그 발문에 초의가 "총림(절간)에 조주풍(차를 마시는 풍조)이 있으나 (중들이) 다도를 모른다. 그러기에 감히 두려움을 무릅쓰고 베껴 옮긴다"고 적었다. 또『동다송』은 초의가 1837년 정조 사위 해거도인 홍현주가 "다도가 뭔가?"라는 물음에 대한 답서로서 쓴 것이다. 이른바 '초의차' 계승자들은 주로 『동다송』 저술을 근거로 초의를 '한국 차의 성인'이라고 부르고 있다.

『다부』는 『동다송』이 나오기 450여 년 전인 조선 전기 한재 이목(1471-1498)이 차의 덕목을 칭송하기 위해 쓴 글로서, "한국 최초(最初), 최고(最古)의 전문 다서(茶書)" "세계 유일의 다도 전문서"로 일컬어지고 있다.

『다신전』 해석의 문제는 이른바 '초의차' 숭배자들이 『다신전』 발문 내용을 무시하고 "불교가 한국 차문화의 중심"이라거나 "초의가 대흥사에 전승되고 있던 차문화를 계승 중흥시켰다"고 주장하는 것과 관계가 있다. 초의는 『다신전』 발문에서 분명히 "(중들이) 다도를 모르므로 (명나라 다록을) 베껴 적는다"고 하였다. 이때 다도는 『다록』에 나오는 '조시정(造時精) 장시조(藏時燥) 포시결(泡時潔)'을 말한다. 즉 차 만들기, 차 보관, 차 우리기를 말하는 것이니, 당시 대흥사 중들이 차를 마실 줄만 알았지 차문화의 핵심인 '제다-차 보관-차 우리기'를 몰랐다는 고백에 다름아니다. "불교가 차문화의 중심"이라고 말하는 이들은 초의가 말한 이 대목을 일부러 못 본 척하거나 무시하고 『동다송』 저술을 중심으로 '초의차'를 강조하기 위한 목적에서 '차문화 불교 중심'설을 퍼뜨리고 있다고 생각한다.

『동다송』에 대한 왜곡은 '초의차' 추종자들이 『동다송』을 "한국 차를 칭송한 책"이라고 하는 것 외에 차학자들까지도 『동다송』의 결론이자 핵심으로서 초의의『동다송』저술의 동기이자 목적인 '다도'가 무엇이라고 답변하는 내용, 즉 제60행의 주(註)에 나오는 "채진기묘 조진기정 수득기진 포득기중, 지차이 다도진의"를 중구난방 아전인수로 오역하는 것을 말한다.

『동다송』의 왜곡과 오역에 관해 더 말해보자,『동다송』이 '한국(동국)의 차를 칭송한 글'이 아님은『동다송』에 초의가 직접 한국 차를 칭송한 말이 한 마디도 없다는 데서 알 수 있다. 초의는『동다송』발문에서『동다송』을 쓰게 된 동기와 목적을 분명하게 "해거도인께서 다도에 대해 물어와서 감히 옛사람의 말을 빌려…(답한다)"고 밝히고 있다. 이 말에 따르자면『동다송』에서 우리 차에 대해 언급한 부분은 이운해가『동다기』에서 "우리 차가 중국의 육안차에 못지 않아서… "라는 대목을 초의가 빌린 것일 따름이다. 따라서 한국 차를 칭송한(?) 글이라면 초의의『동다송』이 아니라 이운해의『동다기』라고 해야 맞다.

『동다송』이 우리 차를 칭송한 글이라고 주장하는 이들은 '동다송'이라는 책 이름의 송(頌) 자를 건성으로 보고 그러는 것이다.『시경』육의(六義, 6가지 양식)에 풍(風), 아(雅), 송(頌)(이상 시의 본질, 내용을 일컬음) 및 부(賦), 비(比), 흥(興)(이상 시의 작법과 형식)이 있다. 이 중 풍은 민속 가요의 시(민요)로서 15개국의 민요 160편, 아는 공경대부(公卿大夫)들의 제사와 음연(飮燕)에 관한 시, 송은 송찬(頌讚)의 의미를 지닌 종묘지악(宗廟之樂) 가사를 말한다. 또 시의 형식으로서 부(賦)는 직접 그

일을 진술하는 것이고, 비(比)는 다른 사물을 인용하여 비유, 비
교하여 설명하는 것이며, 흥(興)은 다른 사물에 의탁하여 생각
을 돋우는 것이다. 따라서 제목에 붙은 '송' 자를 『시경』 육의의
송(頌)으로 유추하여 한국 차를 칭송한다고 할 수는 없다. '송'
자를 그렇게 해석함이 잘못인 것은 초의가 애초에 홍현주에게
보낸 답신 편지에서 말한 책의 제목이 『동다행(東茶行)』이었다
는 사실에서 알 수 있다. '동다행'은 '동쪽 차를 행하는 일(行茶)'
정도로 해석할 수 있다. 즉 '동차(한국 차)의 다도(행다)'에 관한
것이라고 할 수 있겠다. 원래의 책 이름인 '동다행'에 송(頌) 자
를 붙여 '동다송'이라 한 것은 누군가가 필사(筆寫)로 옮겨 적으
면서 '종묘지악(宗廟之樂) 가사'에 해당한다는 『시경』의 송(頌)
을 아무 것이나 칭송하는 것인 양 오해한 데서 비롯된 실수라고
할 수 있다.

　『동다송』의 핵심이자 결론으로서 초의가 "옛사람의 말을 빌
려서…" 뿐만 아니라 '옛사람의 말을 빌려서 앞에 진술한 내용'
을 초의 자신이 종합적으로 분석하고 판단하여 내린 결론'("評
曰 …")이자 『동다송』에서 유일한 초의의 창의적 의견 표명은 제
60행 주석인 ""評曰 採盡其妙(채진기묘), 造盡其精(조진기정),
水得其眞(수득기진), 泡得其中(포득기중), 與神相和(체여신상
화), 建與靈相倂(건여영상병), 至此而茶道盡矣(지차이다도진
의)."이다.

　한국의 차학자와 차인들은 그들의 저술이나 논문에서 '채진기

묘'를 "찻잎을 딸 때 묘를 다하고"로, '조진기정'을 "차를 만들 때 정성을 다하고"라고 오역해 버리고는 아무일 없다고 생각하는 듯하다. "찻잎을 딸 때 묘를 다하라"고 하면 묘(妙)가 무엇이고 어떻게 하는 것이 묘를 다하는 것인가? 자신들도 어찌할 바를 모르니 그렇게 두루뭉실 처리해 버렸을 것이다. 또 '조진기정'을 "차를 만들 때 정성을 다하라"라고 하는 것이라면 왜 유독 차를 만들 때만 정성을 다하는가? 뒤에 나오는 '수득기진'과 '포득기중'에서는 정성을 다하지 않아도 되는가?

한국 차학자들이나 초의차 숭배자들이 이 대목에서 한결같이 오역을 저지르는 것은 동아시아 사상 기론에 대한 이해가 부족한 탓으로 보인다. 초의가 행세했던 조선 후기는 물론 조선 시대를 관통하는 사상적 기조는 성리학이고 성리학의 본체론 인성론 수양론은 "세상 만물(물질인 차와 정신인 인간의 심성 포함)은 질료가 기(氣)로 이루어져 있다"는 (이)기론을 바탕으로 한다. 초의의 '다도' 규정을 기론에 입각하여 제대로 해석하자면 아래와 같다.

"찻잎을 딸 때 찻잎이 지닌 신묘한 기운이 손상되지 않게 정성을 다하고, 차는 만들 때 찻잎이 지닌 물질적인 정기가 잘 보전되도록 정성을 다하고, 차탕물은 '정신'으로서 차가 지닌 영험한 기운을 잘 받아 내는 건건(健健)한 '체'로서 좋은 물 고르기에 정성을 다 하고, 차를 우릴 때는 차와 물의 양이 상호 과부족 없도록 정성을 다 한다. 그렇게 하면 차와 물이 몸체와 정신으로서 건강성과 영험함을 조화롭게 발휘하게 되므로 다도가 다 된 것이다"

초의선사는 『다신전』에서는 명나라 장원의 『다록』 '다도' 부분을 '다위(茶衛)'라는 말로 바꿔 이렇게 옮겨놨다. "造時精(조시정), 藏時燥(장시조), 泡時潔(포시결)이면 다도진의(茶道盡矣)니라." '다위'는 '차를 보호한다'는 의미이니, 초의가 이런 내용들을 옮겨 적으며 책 이름을 『다신전』이라고 한 것으로 보아 이때 초의가 생각한 '다도'는 차를 만들고 보관하고 우리는 과정에서 차의 '다신'을 잘 지켜내는(보위하는) 일이었음을 짐작할 수 있다. 즉 "차를 만들 때 정성을 다하고, 보관할 때 건조하게 하며, 우릴 때 청결하게 하면 다도(茶道)는 끝난다"는 말이다.

같은 가르침을 『동다송』에서는 조금 다르면서도 좀더 연역적이고 구체적으로 설명했다. 예컨대 『다신전』의 造時精을 『동다송』에서는 '造盡其精'이라고 해서 精(정성) 앞에 정관사 其를 붙여 '기정(其精)'이라고 의미 강화하고, 연장선상에서 '其妙' '其眞' '其中' 등 모두 강조하는 표현으로써 찻잎 채취에서 차탕 우려내기까지 다신을 보전(제다에서)하고 구현(포다)해 내도록 정성을 다하는 것이 다도라고 의미부여하였다.

덧붙이자면, 위에서 말했듯이 초의가 『다록』 내용을 베껴 『다신전』이라는 이름으로 엮은 일의 의미는 초의가 '다신'의 의미를 파악하여 책 이름을 원전과 차별화하여 창의적이고 현명하게 붙였다는 것이다. 따지고 보면 『동다송』은 『다신전』 필사가 있었기에 가능한 일이었다. 『동다송』의 내용은 '다도' 규정에서 알 수 있듯이 『다신전』 필사의 공부가 진전된 것들이다. 그러나 '초의차' 숭배자들은 초의의 공적에서 『다신전』 필사를 별로 강조하지 않고 『동다송』을 "한국 차를 칭송하는 책"이라고만 왜곡 선전한다. 아마 『다신전』이 복사본이라는 점과 "총림에 조주풍이 있으나 (중들이) 다도를 알지 못하여…. (두려움을 무릅쓰고 베껴 『다신전』을 쓴다)"고 한 대목 때문일 것이다.

『다신전』 및 『동다송』과 함께 '한국 차의 고전'이라고 할 수 있는 『다부』의 핵심 내용에 대한 정확한 해석도 한국 차문화 발전을 위하여 중요하다. 더구나 『다부』는 한국 최초의 다서이자 '세계 유일의 다도 전문서'라는 평가를 받고 있기에 그러하다.

세계 유일의 다도 전문서로서 『다부』의 핵심내용은 "神動氣入妙 是亦吾心之茶…"이다. 대부분의 차학 교수나 한국 차 담론을 주도하는 차인들은 이 대목을 "정신이 마음을 움직여 묘경에 들게 하니 이 역시 '내 마음의 차'…"라고 번역한다. 이 또한 무슨 소리인가? 그렇게 해석하는 차학자나 차인들 자신들조차 이 말뜻을 알겠는가?

이 글을 쓴 한재 이목은 장원급제한 성리학 엘리트이자 도학자(道學者)였다. 당시 조선 왕조의 통치이념이 성리학이었고 성리학의 본체론(존재론)이 이기이원론으로서 리(理)와 기(氣)가 우주 자연의 생성원리이자 질료였다는 사실, 『다부』의 결론이 차를 마셔서 이르게 된(득도) 경지를 표현하고자 한 것임을 감안하여 이 대목을 이기(理氣)론적 수양론으로 해석하면 된다. 즉 "(차를 마시니) 신(다신)이 내 심신의 기(氣)를 신(神)으로 고도 화시켜 묘경(내 심신의 신이 작동하여 우주자연의 기운인 신과 공명 동조하게 하여 들게 된 천인일치의 경지)에 들게 하니, 이 것이 바로 내 마음을 모든 번뇌와 망상을 벗어나(吾) 우주 자연 과 하나(우주적 자아)가 되게 하는 차이니…"

한재가 '내 마음의 차'를 '我心之茶'라 하지 않고 '吾心之茶'라 고 한 이유가 있다. 我는 "나…"라는 자의식이 있는 나, 吾는 자의식마저 지워버린 '텅 빈 나'이다. 한재는 『장자』 제물편(齊 物篇)의 '오상아(吾喪我)' 개념에서 吾를 따왔을 것이다. 한재는 『다부』와 함께 기론에 입각한 수양론적 맥락에서 『장자』에 나오 는 '허실생백(虛室生白)' 개념을 인용해 『虛室生白賦』를 쓰기도 했다.

동아시아 사상과 차(茶)

– 한국 차학(차문화) 패러다임 쉬프트를 위한 제언

I 서론

우리는 어떤 이념(차론이나 다도관 또는 차문화론)이나 경세관 등에 대해 일정한 이론체계를 갖춘 철학적 토대 없이 단언적, 구호적 주장을 하거나 주관적이고 막연한 추정으로 견강부회하는 경우가 많다. 즉 "차는 기호식품이다…"라든지 "다도는 차를 내는 방법이다…" "차는 대화를 위한 음료이다" 등이 그것이다. 특별히 눈에 띄는 경우로는 "보성은 '보성 녹차'로 잘 알려져 있다. … 녹차는 보관이 힘들고 맛의 차이가 심해 널리 보급되기는 힘들다. … 발효차가 다시 주목을 받고 잎차뿐만 아니라 덩이차 쪽으로도 소비자의 선택이 넓어지고 있다. 보성군도 이제 녹차 일변도에서 벗어나 차의 종류를 다양화할 필요가 있다"고 한 것이다.[1]

---

[1] 목포대 국제차문화·산업연구소가 '보성 뇌원차 복원(?)'에 관해 2020

한국의 차 명망가, 대학(대학원) 차학과에서 차를 가르치는 교수, 수제차를 만드는 차농가들의 평균적 차 인식이 대개 이렇다고 할 수 있다. 한국 차와 차문화의 정체성을 규명하여 한국 차학과 차문화의 인문적 발전 및 차농과 제다업의 산업적 발전을 견인해야 할 차 학계와 차 명명가들의 차 인식이 이렇다는 것은 한국 차학과 차문화 및 차산업 침체의 한 요인이 아닌지 살펴봐야 한다. 막연한 구호적 주장은 논거를 대거나 이유를 설명하는 데 어려움을 겪기에 논리적 진전을 보이기 어렵다. 그 주장을 논리적으로 해명하고 뒷받침할 만한 철학적 이론 체계를 갖추지 못했기 때문이다.

또 다른 예를 들자면, 차계의 필독서 역할을 하고 있는 『새로 쓰는 조선의 차문화』[2]와 『초의 선사의 차문화 연구』에서 각각 차를 기호식품이라 단언했다. 『초의 선사의 차문화 연구』[3] 저자는 "찻잎의 독소를 제거하기 위해 살청을 한다"고 주장하기도 한다. 차를 기호식품으로 보는 인식으로부터 녹차를 외면하고 보이차 흉내내기와 청태전 및 뇌원차 복원(?) 등 차 선진국인 중국과 일본에서는 보기 어려운 후진적인 차문화 양태가 기승을 부

년 8월에 낸 연구총서7 『고려황제공차 보성뇌원차』에서.

2 정민 지음.

3 박동춘 지음.

리게 되었다. 이 또한 한국 전통차(녹차) 및 거기에서 발원하는 전통 차문화(한국 수양 다도) 사양화의 원인이 되고 있다. 동아시아 사상에 기반한 차와 차문화의 정체성을 이해하지 못한 결과라고 할 수 있다.

어떤 주장에 대한 철학적 이론 체계를 갖추는 것 못지 않게 그 이론 체계에서 파생되는 본체론과 인성론 또는 본체론과 수양론의 논리적 일치성을 유지하는 것도 중요하다. 조선 시대 성리학자들은 본체론적으로는 주기적인 입장이면서도 인성론이나 수양론에서는 주리적 논리를 따르는 모순을 지니고 있었다. 그런 탓에 나온 게 사단칠정론이라고 할 수 있다.

차에 대해서 더 말해보자. 차(차문화)의 발원지는 중국이다. 당나라 때 육우가 『다경』에 당시까지의 차론을 학술적으로 정리하였다. 같은 시기에 육우의 차벗 봉연과 다승(茶僧) 교연은 각각 〈봉씨견문기〉와 차시에서 '다도'와 '득도'라는 말을 써서 일찍이 차문화의 개념적 방향을 알렸고, 또 그 즈음에 시인 노동(盧仝)이 〈칠완다가〉에서 차를 마셔서 득도의 경지에 이르는 과정을 직감적, 구체적으로 설명하였다. 차가 커피나 사이다와 같은 일반 기호음료와 달리 선사 시대 이래 긴 세월 중국을 비롯한 한국 일본 등 동아시아 3국에서 '다도(茶道)'라는 각별한 차문화 양태와 더불어(근래에는 차학이라는 분야로 지평을 넓히며) 문화적 생태적 생명력을 유지해 오고 있는 내력을 차의 문화적·이론적 토대인 사상적 측면에서 학술적으로 살펴볼 필요가 있다.

『다경』과 〈칠완다가〉 뿐만 아니라 한국의 고전 차문헌인 『다부』 『다신전』『동다송』 및 고려-조선 시대 문사와 승려들의 차시엔 모두 당시를 풍미했던 사상성이 담겨 있다. 한 마디로 차와 차문화의 본질은 그것을 배태한 동아시아 사상에 뿌리를 두고 있다고 할 수 있다. 그러면 오늘의 우리는 차 또는 다도나 차문화를 말할 때 선현들이 그랬던 것처럼 동아시아 사상 본체론(존재론), 인성론, 수양론에 대한 논리적 일관성이 있는 이론 체계를 바탕으로 하고 있는가?

II 본론

1. 동아시아 사상이란

사상이란 일반적으로 현상이나 사물에 대한 체계적이고 지속적이고 일관적인 사고, 생각, 의식 내용을 말한다. 철학적으로는 논리적 정합성을 가진 통일된 판단 체계를 말한다. 여기서 말하는 '동아시아 사상'은 중국 문화 · 사상 체계를 비롯하여 한 · 중 · 일 3국에서 고래(古來)로 유지돼 온 서양식 철학과 종교가 융합된 양태의 사상 체계로서 유 · 불 · 도가 사상을 말한다. 서양은 철학과 종교가 구분되어 있고. 동아시아에서는 철학과 종교가 분리되지 않은 채 일반적으로 '사상'으로 통칭되고 있다. 서양의 종교 영역에서 신(神, god)은 주로 인격신 · 유일

신이자 인간의 영접(迎接) 대상자로서 원죄자(原罪者)인 인간을 구원해 주는 구세주이다. 동아시아 사상에서 신(神)은 동아시아 사상 본체론(존재론)인 기론(氣論. 氣學)의 용어이자 고도화된 기(氣)로서 우주의 입자성 파동에너지라고 할 수 있는 '자연의 생명력(생명 에너지)'을 말한다. 서양 종교의 신(神)에 의한 구원 대신 동아시아 사상에서 인간은 자력적 수양을 통해 신이라는 순정(純正)한 자연의 생명력과 공명(共鳴)하는 것으로 자연 합일이라는 목적을 달성한다.

2. 동아시아 사상의 존재론(본체론)으로서 기론

동아시아 사상에서 기(氣) 개념은 선사 시대 이래 인간의 감각과 예지에 의해 발견되고 대중 지성에 의한 오랜 검증을 거쳐 『주역』 『관자』 『장자』 등 경전에서 천도와 수양의 원리로 활용되는 등 유 · 불 · 도가 사상의 존재론(본체론 또는 우주론)[4]으로 채택되어 왔다. 또 『황제내경』 등 동아시아 의서(醫書)의 토대 이론으로 자리잡음으로써 동아시아 사상의 인문 · 자연과학적 핵심 이론으로 작동돼 왔다. 기론은 일찍이 도가 사상(『도덕경』과 『장자(莊子)』)에서 존재론 및 수양론으로 채택되었고, 이후 유가 사상에서 맹자와 송대 성리학을 거쳐 기반 이론으로 자리잡았다.

---

4 동아시아 사상 존재론에서 인식론, 인성론, 수양론이 파생된다.

중국 사상사에서 기(氣) 개념은 자연발생적으로 형성된 것으로 이해되었다. 기 개념이 널리 쓰이고 이른바 '기론'이 사유 체계로서 보편화된 것은 전국 시대 중엽 이후이고 한대 초에는 거대한 우주론으로서 정립되었다. 기 개념은 사상적 경향과 무관하게 동북아적 세계관의 기저를 흐르고 있는데, 이는 그 핵심 국면에서 도가 사상과 한 덩어리를 이루면서 전개되었기 때문이다. 이는 천하통일의 맥락과도 연계된다. 전국 시대가 무르익는 과정에서 천하통일의 분위기가 무르익었고, 이는 각종 사상의 종합이라는 시대 요청을 불러왔다. 사상의 종합은 존재론적 사유, 즉 사유에서의 보다 '추상적인 틀'이 요청된다. 동북아 사유에서 이 보편적이고 추상적인 틀을 제공하는 것이 바로 도가 철학, 특히 노자의 철학이다. 그렇기 때문에 천하통일에 임박해서 제자 백가가 종합될 때 도가 철학이 그 전체적 틀로서 역할을 했던 것이다. 그리고 기학/기철학의 체계화도 바로 이런 맥락과 맞물려 진행되었다고 할 수 있다[5]

불가 사상에서의 기론의 지위 및 유·도가 사상의 기와의 관계에 대해서는 아래 글로 대신한다.

5　이정우 지음, 『세계철학사2』, 도서출판 길, 2017, 173-174쪽.

카르마(業)를 저장하고 있는 기체(基體)의 상정은 일단 윤회의 주체에 대한 탐구가 도출해 낸 논리적인 귀결이었다. 업이란 정신적인 것도 물질적인 것도 아니다. 이것은 현대적으로 일종의 에네르기라고 할 수도 있다. 즉 빛은 에네르기인 동시에 광입자로서 어느 정도의 물질성을 가지고 있다. 업의 영향에도 어떠한 실체적인 사물성을 부여함으로써 여러 가지 현상(특히 윤회)의 설명이 용이하게 된 것이다. 그러므로 육식(六識)의 깊은 곳 어딘가에 근본적인 상속심(相續心)이 존재한다는 상정이 가능하게 된 것이다. 이와 같은 사고의 다양한 흐름들이 모아짐으로써 아뢰야식설이 성립하게 된 것이다.[6]

세계를 형성하는 에너지를 불교는 업력(業力)이라고 부르고, 유가나 도가는 기(氣)라고 한다. 유식(唯識) 불교에서는 업력을 과거 업의 습(習)이 남긴 기운이란 의미에서 '습기(習氣)'라고도 하고, 업의 결과로서 새로운 보(報)를 산출하는 공능(功能)이라는 의미에서 '종자(種子)'라고도 한다. 불교에 따르면 이 세계는 종자 에너지가 현행화(現行化)한 결과이다. 현행화는 비가시적 에너지의 파동이 구체적 형태로 가시화되는 것, 파동이 입자화되는 것을 뜻한다. 도가적 방식으로 표현하자면 기가 집취(集聚)하여 질화(質化)되고 형화(形化)되어 물

6   一指 저, 『중관불교와 유식불교』, 도서출판 세계사, 1992, 199쪽.

체로 등장하는 것이다. 이에 따르면 우리가 의식하는 가시적 현상 세계의 만물은 표층에서 보면 각각 별개의 개별 물체로 나타나지만, 심층에서 보면 그러한 개별적 실체성은 환(幻)이고 공(空)이며, 일체는 서로 분화되지 않고 공명하는 에너지의 흐름으로 존재한다.[7]

　기(氣)의 용례(用例)는 『장자(莊子)』에 39회, 『여씨춘추(呂氏春秋)』에 85회가 나온다. 또 '기(氣)' 앞에 '신(神)'이 강조된 '신기(神氣)'라는 개념은 『장자』 천지편(天地篇)과 『여씨춘추(呂氏春秋)』에 단 일례씩 사용되었다. 그 중 기의 의미는 아직 깊은 철학적 의미로 사용되기 보다는 인간이나 우주의 상태를 설명하는 보통명사로 주로 사용되었다. 그러나 맹자(孟子, B.C. 372~B.C. 289) 이후 서서히 부각되기 시작한 기에 대한 철학적 의미는 송·명(宋明) 시대를 거치면서 우주 원리의 중요한 요소로서 탐구의 대상이 되었고, 청대 이후 근대 직전까지 우주 원리의 최고 근본적인 요소로 부각되었다. 그것은 단지 기(氣)가 리(理)의 아류적 위치에 있는 것이 아니라 주류적 위치에 있다는 인식이다.
　조선 후기 혜강(惠崗) 최한기(崔漢綺, 1803년10월 26일~1879년 6월 21일)는 청대 이후 기에 대한 인식(기 일원론)을 바탕으

7　한자경 지음, 『심층마음의 연구』, 도서출판 서광사, 2018. 231-232쪽.

로 유기적(唯氣的) 입장에서 일찍이 『장자(莊子)』와 『여씨춘추(呂氏春秋)』에서 언급됐던 '신기(神氣)'라는 개념의 불가론성(不可論性)을 명확히 제거하여 증험가능한 실체로서의 신기 개념을 사용하는 새로운 이론틀로서 '기학'을 역설했다. 최한기가 말한 '신기'의 '신(神)'은 '신통(神通)하다' '신기(神奇)하다'는 용례처럼 불가론적 대상을 통칭하는 개념이 아니다. 오히려 최한기의 '신(神)'은 춘하추동, 생로병사의 순환처럼 정연한 운동원리 또는 부정할 수 없는 필연의 질서 등을 총칭하는 구체적이고 경험적인 사실을 설명하는 개념이다.(서욱수 지음, 『혜강 최한기의 세계인식』, 도서출판 소강, 2005년, 88쪽)

최한기는 '몸과 욕구에 대한 일방적인 억압을 해소하고 마음과 몸의 조화를 추구하는' 기제로 자연과 인간을 통괄하는 '신기(神氣)' 개념을 상정하여, 마음과 몸의 이분법적 도식을 벗어나고자 하였다. 그에게 무엇보다 중요했던 일은 '내부 세계(형질의 기)와 외부 세계(천지 유행의 기)의 소통' 즉 이 세계의 인식과 실천을 가능하게 하는 '몸'의 중요성을 환기시켜, 몸과 마음의 조화를 추구하는 동시에 궁극적으로 인간과 자연의 통일적 관계를 지향하는 것이었다.[8]

---

8 손병석 외 12인, 『동서 철학 심신관계론의 가치론적 조명』, 한국학술

기(炁, 元氣)는 정(精, 물질 단계)→기(氣, 중간 단계)→신(神, 정신적, 입자성 파동에너지 단계)로 고도화된다고 보는 견해도 있다. 여기서 또한 '신(神)'은 최한기의 주장대로 기의 정연한 내재적 운동 질서(원리)를 함의하기도 한다. 즉 '신기(神氣)'라 함은 입자성 파동에너지적 기의 역동적 운동성을 일컫는다고도 할 수 있다. 신기의 이런 활활발발한 상태를 흔히 '신묘(神妙)'라고 말하기도 한다.

기의 속성은 '운화(運化)'라는 말로 표현된다. 기는 동아시아 사상 '무상(無常)'의 기제이자 정신과 물질을 포함한 우주 만물을 구성하는 질료로서 부단히 운동 · 변화한다. 사람의 정신과 육체도 운동 · 변화하는 기로 이루어져 있다는 점에서 동아시아 사상 인성론과 수양론이 도출된다.

3. '도(道)'와 기(氣)의 관계 및 '다도(茶道)'의 의미

동아시아 사상 유 · 불 · 도는 존재론으로서 기론을 공유하는 맥락의 연장 선상에서 수양언어인 '도(道)'를 공유하고 있다. '자연의 존재 양상 및 운영 원리'인 도가의 도(道, 天道), 천도를 본받은 유가의 인도(人道), 인간세와 자연을 초월한 불가의 '고 · 집 · 멸 · 도'(苦 · 集 · 滅 · 道)의 도(道)가 그것이다. 유 ·

정보, 2013, 239쪽.

불·도가는 각각 인간-자연-초월의 세계에서 시각을 약간 달리한 도(道)로써 상호 보완적 연결 관계를 유지하며, 현세적 인간의 삶을 자연성으로 보양하는 한편 생사(生死)를 초월하는 가르침을 주고 있다.

'다도(茶道)'는 '차(茶)'에 '도(道)'가 짝하여 이루어진 동아시아 사상의 수양 언어로서 '차와 더불어 하는 수양'을 말한다. 더 상술(詳述)하자면 다도는 '찻일(채다-제다-행다-음다)을 통한 자연(자연의 원리)과의 합일'이라고 할 수 있다.

도의 원래적 의미는 '도(道)'라는 이름을 낳은 도가 사상의 원전인 『도덕경』 제1장과제25장에 잘 나와 있다.

제1장 : 道可道非常道. 도가 개념화될 수 있다면 진정한 도가 아니다.

제25장 : 吾不知其名, 字之曰道 强爲之名曰大. 나는 그 이름을 모른다. 억지로 글자를 붙여 도라 하고, 억지로 거기에 이름을 붙여 크다고 말할 뿐이다.
......
人法地, 地法天, 天法道, 道法自然. 사람은 땅을 본받고, 땅은 하늘을 본받으며, 하늘은 도를 본받고, 도는 자연(스스로 그러함)을 본받는다.

위 글은 도가의 존재론(본체론)으로서 '도(道)'의 의미가 '자연'

튀 총체, 즉 자연의 존재 양태와 운행 원리임을 말해준다. 자연은 그 존재와 운행의 양태가 워낙 크고 웅장하면서도 어그러지지 않기에 이 세상을 낳은 어미와 같아서 개념적인 말로써 규정할 수 없지만, 그럼에도 불구하고 말할 필요상 억지로 글자를 붙여 '도(道)'라고 하고, 억지로 말을 붙여 크다고 할 뿐이다. '인법지(人法地)~도법자연(道法自然)'을 축약하자면 '인법자연(人法自然)'이고, 이는 도론(道論)의 본질이란 '인간이 자연의 원리를 본받는 일'임을 말해준다.

도가(道家)가 도를 본체로 채택했다면 도와 기는 어떤 관계일까? 아래의 글이 이 의문에 답해 준다.

장자는 어째서 자신의 철학 체계에 기(氣)라는 개념을 끌어들였을까? 우선 무위무형(無爲無形)의 도(道)가 구체적이고 형체가 있는 만물을 만들어 내는 과정에서 하나의 과도 상태가 필요했기 때문일 것이다. 그 다음으로, 장자는 만물을 동일한 것으로 간주할 것을 강조하는데, 그러려면 물질 세계 안에 만물 공동의 기초가 필요했기 때문일 것이다. 그 밖에 장자는 사물의 상호(相互) 전화(轉化)를 강조하는데, 그러려면 일체의 운동 변화 과정을 관철하는 개념이 필요했기 때문일 것이다. 이러한 요구에 적합한 개념은 반드시 유형(有形)일 수 있으면서 무형(無形)일 수 있고, 운동할 수 있으면서 응취(凝聚)할 수 있고, 위로는 도(道)에 도달할 수 있으면서 아래로는 사

물에 통달할 수 있어야 하는데, 이런 개념으로 기(氣)가 있을 뿐이다.[9]

　『주역』 계사전에서는 '一陰一陽之謂道' '形而上者謂之道, 形而下者謂之器'라고 하였다. "음양의 변화, 즉 기(氣)의 운화(運化)가 곧 도이고, 형체가 있고 나서 그것이 위로 향하면(원리 지향성) 하늘의 도가 되고 아래로 향하면(質化하면) 땅위의 구체적 사물이 된다"는 뜻이다. 종합하면 도는 변화무상한 기의 운행, 즉 기로 이루어진 자연의 존재 양태와 운행 원리라는 것이다. 한 마디로 도는 기(氣)의 운화(運化)에 의해 이루어지는 '자연의 섭리'를 일컫는 말이라고 할 수도 있다. 이로부터 '다도'를 연역하자면, 다도란 찻일(채다-제다-행다-음다)에서 자연의 섭리를 체득(體得)·체인(體認)하여 인법자연(人法自然)이라는 자연합일·천인일치의 득도 경지에 이르는 수양의 길이라고 할 수 있겠다.

　그렇다면 구체적으로 차의 어떤 속성이 자연의 섭리를 함의하여 도와 짝할 수 있는 원리가 되는지를 탐구하는 일이 동아시아 문화 또는 동아시아학으로서 차문화나 차학을 다루는 이들의 기본적인 문화적·학문적 지향이어야 한다고 생각한다.

9　리우샤오간 씀, 최진석 옮김, 『莊子哲學』, 소나무, 1998, 129쪽.

4. 기론과 한국 차(차문화)의 정체성
- 한국 차문화의 왜곡, 한국 차산업의 사양화

육우의 『다경』은 물론 한국 차의 이론서에 해당하는 차 관련 고문헌들은 모두 사상적 기반을 동아시아 사상의 존재론(본체론)인 기론에 두고 있다. 『다경』의 녹차 강조(청자 다기 선호) 사상, 세계 유일 다도 전문서라고 하는 조선시대 한재 이목의 『다부』 결론부(神動氣入妙 是亦吾心之茶 又何必求乎彼也), 『다신전(茶神傳)』 제목의 의미, 『동다송(東茶頌)』 제목의 의미와 '다도' 규정(採盡其妙-찻잎을 딸 때 찻잎의 신묘한 기운을 잘 보전하고, 造盡其精-차를 만들 때 찻잎의 물질적 정기를 잘 보전하여, 水得其眞-차 우리기에 좋은 물을 골라, 泡得其中-물과 차의 양을 과부족없이 하면, 至此而茶道盡矣-다도는 다 된 것이다)가 그렇다.

『다경』 제4항 '찻그릇'에는 "월주요 청자는 차 탕색을 녹색에 가깝게 보여주므로 제일이요, 형주요 백자는 차 탕색을 붉게 보여주어서 그 다음…"이라고 했다. 청자 다기선호 이유는 떡차(차의 형태)로 만든 녹차(차의 종류)가 건조 미흡으로 카테킨 산화차가 되어 탕색이 적갈색이 돼 버렸는데, 이 변질된 탕색을 본래의 녹차 탕색(연녹색)에 가깝게 보여주기 때문이라는 것이다. 당시 우주 자연의 청신한 기운(다신茶神)을 전해주는 차로서 녹차를 희구했던 경향을 말해준다고 하겠다. 이는 덖음 잎차 제다법으로써 탕색이 변하지 않는 온전한 녹차가 나오게 된 명대 장원이 쓴 『다록』의 '다도'(造時精 藏時燥 泡時潔)의 취지로 이어진다. 또 초의는 이 『다록』의 핵심 내용을 그대로 베껴 옮기면서 책 이름을 『茶神傳』이라 하였다. '다신전'은 "다신(茶神)의 의미를 전한다"는 뜻을 지닌다. 즉 이상적인 녹차 제다법을 기술한 책을 통해 "녹차는 다신을 잘 보전해 담고 있는 차"임을 말하고자 한 것이다.

이시진(李時珍 1518~1593)의 『본초강목』에는 "(차의)기미는 쓰고 달며 미한(微寒)한데 독이 없다. 차는 쓰고 냉하므로 음중에 음이다(氣味苦甘 微寒無毒 茶苦而寒 陰中之陰)"라고 하여 차의 맛을 기미(氣味)라 하였고, 초의의 『다신전』과 『동다송』에도 차의 색 향 맛에 대해 '색(色)·향(香)·기미(氣味)'[10]라는 말이 나온다. 차의 색과 향과 맛을 각각 향기(香氣) 기색(氣色) 기미(氣味) 등 기(氣)의 차원으로 인식했다는 말이다.

위의 예들은 차의 원형이자 정체성은 녹차이고, 그 이유는 녹차가 향기(香氣)·기색(氣色)·기미(氣味)[11] 등 동아시아 사상

---

10 대부분의 한국 차인(차학자)들은 이 부분을 '색(色)·향(香)·기(氣)·미(味)'의 넷으로 구분하여 읽는다. 그러나 차의 색·향·미가 모두 차의 기(氣)를 구체적으로 일컫는 것이어서 따로 기(氣)를 떼어 생각할 필요는 없다. '기미(氣味)'의 기(氣)는 색·향·미가 모두 기(氣)라는 의미(氣色·香氣·氣味)에서 미(味)를 대표적으로 내세운 표현이라고 보는 게 적절하다.

11 녹차의 향·색·맛은 차의 품질 평가(品評) 기준이자 제다의 척도가 된다. 향은 생찻잎의 진향(眞香)이 차탕에 발현되는 정도로써 살청시

기론으로 해석되는 차의 '3대 요소', 즉 우주 자연의 청신한 생명력을 잘 보전하고 있기 때문이다. 이런 탓에 녹차는 인간과 자연을 '다신'이라는 기론적 생명 에너지의 끈으로 이어주는 다도 수양의 기제가 된다. 녹차가 한낱 '기호음료'의 차원을 넘어 '심신 건강 · 수양 음료'이어야 할 이유이기도 하다.

　이런 사실을 염두에 두고, 오늘날 한국 차(학)계에서 차 고문헌들을 일반적으로 해석하는 것(가)과 동아시아 사상 기론에 입각하여 해석하는 경우(나)를 비교해 보자.

1)『다부』의 핵심 내용이자 결론부 : 神動氣入妙 是亦吾心之茶
　又何必求乎彼也
　가. 신이 기를 움직여 묘경에 들게 하니, 이 역시 내 마음의 차라. 어찌 하필 다른 데서 즐거움을 구하랴.
　나. (녹차를 마시니) 다신(茶神)이 이입돼 내 몸의 기(氣)를 신(神)의 단계로 고도화시켜 그 신이 작동하는 경지(묘경)에 들게 하니, 이것이 바로 물질적인 차가 내 마음의 번뇌를 씻어 자의식 마저 잊게 하는(吾心) 차이니, 어찌 물질적인 차만 가지고 논하랴.

불조절 여부를, 색(차탕의 연록색)은 카테킨 보전 정도를, 맛은 쓴맛으로써 카테킨과 카페인의 함량을, 감칠맛으로써 테아닌의 함량을 말해준다.

2) 초의는 『동다송』에서 『다신전』의 '다도'를 더 세밀화하고 발전시켜서 제다~포다의 공정에서 찻잎에 든 우주 자연의 활성에너지인 다신(茶神)을 보전하기에 정성을 다하는 것을 '다도'라 하였다. 즉 초의는 『동다송』 제60송 주석에서 '다도(茶道)'를 "채진기묘(采盡其妙), 조진기정(造盡其精, 수득기진(水得其眞), 포득기중(泡得其中)"이라 했다. 이를 가 · 나의 틀로 해석해 본다.

가. 찻잎을 딸 때 묘를 다하고, 차를 만들 때 정성을 다하고, 좋은 물을 골라, 차를 우릴 때 중정을 기한다.[12]

나. 이를 『다신전』 '다도'의 "조시정 장시조 포시결(造時精 藏時燥 泡時潔 : 만들 때 정성을 다하고, 보관에 건조를 기하며, 우릴 때 청결하게 한다)"과 비교해 볼 필요가 있다. 차이는 『다신전』과 달리 목적어인 묘, 정, 진, 중에 모두 정관사에 해당하는 '기(其)' 자를 붙여 강조한 것이다. 따라서 '조진기정'의 '정'은 정성이 아니라 찻잎에 담긴 '정(精)' 즉 '정기(精氣)'를 가리킨다. 같은 이유

---

12 『초의 선사의 차문화 연구』저자 박동춘 동아시아차문화연구소장, 일지암 암주를 지내고 '초의차'관련 대규모 사업을 하고 있는 승려 용운과 여연, 『송혜경 교수의 알기 쉬운 동다송』저자 송혜경 전 원광대 교수, 『새로 쓰는 조선의 차문화』저자 정민 교수 등이 모두 『동다송』의 '다도' 규정이자 핵심 내용인 이 대목을 대동소이하게 이렇게 해석하고 있다.

로 '채진기묘'의 '묘'는 "묘함을 다해라"라고 막연히 해석하면 아무도 이해할 수 없으니 "생찻잎이 지닌 청신한 기운인 다신의 활활발발한 역동성(신묘神妙)[13]이 훼손되지 않도록 찻잎 딸 때 정성을 다하라"라고 해야 한다. 따라서 '채진기묘 조진기정'은 제다의 공정에서 "찻잎을 따고 덖을 때 찻잎이 지닌 청신한 기운의 활동성이나 정기가 훼손되지 않도록 하라"는 주문이다. '수득기진~포득기중'은 좋은 찻물을 골라서 다신이 보전된 차에서 차탕에 다신이 온전히 구현되도록 차와 물의 양을 적정히 하라는 주문이다. 초의는 이런 차탕을 홀로 마셔서 이르게 되는 경지를 '독철왈신(獨啜曰神)'이라는 말로 소개했다.[14]

---

13 최한기는 증험가능한 기(氣)의 내재적 질서와 역동적인 작동원리 및 상태를 '신(神)'이라 했다. 최한기가 신을 명확히 규명하기 이전 신의 불가론적(不可論的) 작동상태를 '묘(妙)' 또는 '신묘'라 하였다.

14 이처럼 초의는 『동다송』에서 한국 차의 제다와 다도가 동아시아 사상(기론)에 기반하여 밀접하게 연계돼 있음을 천명하였다. 초의가 소개한 '독철왈신'의 의미는 『다부』의 '신동기입묘 시역오심지차'의 의미와 상통한다. 이 『동다송』의 '과정의 다도'와 『동다송』의 '경지의 다도'를 융합시키면 중국과 일본에는 없는, 동아시아 사상의 기론적 이론을 완비한 '한국 수양다도'가 된다.

또 이에 앞서『동다송』제59행에서는 體神雖全猶恐過中正[15](체로서의 물과 정신으로서의 차가 각각 온전해도 차와 물의 양적 균형을 지나쳐 정상적인 차탕이 되지 않을까 걱정된다)이라 했고, 이어 60행에서는 中正不過健靈倂(중정을 지나치지 않으면 체로서 물의 건강성과 정신으로서 차의 신통력이 함께 한다)이라 했다. 여기에서도 체(體), 신(神), 중정(中正)이라는 단어가 기론(氣論)에 기반한 용어라는 점, 특히 중정이 차를 우릴 때 차와 물의 물질적 기의 균형을 가리키는 말임을 알 수 있다. 따라서 '중정'은 사상적 용어를 나타내는 말이 아니므로 이를 '한국의 다도정신'으로 표방하는 것은 부적절하다고 할 수 있다. 참고로, 대부분의 한국 차 학자들이나 차 명망가들은 위 59행과 60행을 "체와 신이 온전해도 중정을 지나칠까 두렵다. 중정은 건령이 함께 하는 데 불과하다"고 직역한다. 대체 무슨 소리인가? 차 인식에 있어서 기론에 대한 이해가 없는 탓이다.

3) 차인들이 흔히 인용하거나 전통찻집 이름으로 잘 쓰이는 문구가 들어있는 황산곡 의 시 : 靜坐處茶半香初 妙用時

---

15 60행 주석의 '泡法云'에서는 葉多寡宜酌(잎의 많고 적음을 알맞게 헤아려서) 不可過中失正(물과 차의 양적 적절함을 지나쳐서 차탕의 바름을 잃어서는 안된다)이라 하여, 차 우림에 있어서 찻잎의 양의 적절함이 중정의 요체라는 점, 중정은 '過中失正'의 약자로서 차탕에서 물질적 기(氣)의 양적 균형이 중요함을 설명하고 있다.

水流花開'

가. 정좌하는 자리에 차가 반쯤 익어(차를 반쯤 따르자) 향
　　기가 피어나고, 묘한 작용이 일어나면서 꽃이 피고 물
　　이 흐른다.

나. 선비 명상 자리에서 차탕이 절정에 달해서(차가 잘 우
　　려져) 차향이 피어나니, 이를 마시자 다신의 작동으로
　　우주 자연의 아름다움과 하나가 되누나(자연합일, 천
　　인일치의 경지에 이름).

　위의 예에서 모두 기론의 용어(神, 茶神, 妙用)가 사용되고 있
다. 여기에서 기론에 기반한 제다 및 다도의 의미는 다신(카테
킨 테아닌 카페인 등 차의 3대 성분)이 잘 보전된 녹차를 만들어
(제다), 다신의 매개작용으로 자연합일을 궁극 목표로 하는 다
도 수양을 수행한다는 것(다도)임을 알 수 있다. 즉 녹차는 기호
음료 차원을 넘어 '심신 건강 · 수양 음료'로서의 확고한 정체성
을 갖는다는 것이다.

　이를 역으로 생각해 보자. 기론에 대한 이해 결핍(차 고문헌
오역)으로 한국 차(차문화)의 정체성이 상실되고 또 이로 인하여
한국 차(차문화)가 왜곡되고 그 결과가 차농 및 차 산업의 위축
으로 이어지고 있지 않나 하는 것이다. 우주 자연의 활력에너지
(다신)를 온전히 전해주는 녹차의 '심신 건강 · 수양 음료'로서의
중요성을 망각하고 한낱 기호식품 반열에 추락시킨 결과가 녹차

위주의 한국 차문화와 차 산업의 퇴조를 초래한 것이 아닌가 말이다.

가장 발전된 방법으로써 제다되어 다신이 잘 보전된 오늘날의 녹차와 중국과 일본에서는 일찍이 폐기된 원시적인 차(청태전·뇌원차 등 떡차류)를 구별하지 못하고 거액의 국민 혈세를 탕진해 가며 "옛 차 복원(?)"으로 가는 세태, 기호식품으로서 차의 주요 성분이 유실된 카테킨 산화차(청차 홍차류) 및 테아닌 발효차(흑차류)와 심신 건강·수양 음료로서의 녹차를 구별하지 못하고 모든 차를 기호식품 반열에 추락시켜 녹차의 가치와 품격을 훼손시킨 결과가 보이차 맹종 사대주의와 커피식민지화 추세가 아닐까?

또 '독철왈신' '정좌처다반향초…' '오심지차'의 메시지가 말해 주는 '수양 다도'의 의미를 망각하고 정체불명 의미부재의 상업성 '다례'가 '일본 다도'에서 보는 것 만큼 대중의 차생활에 도움이 되는가, 혼란을 초래하고 있지는 않은가? 『다신전』과 『동다송』(애초 이름은 『東茶行』)의 의미를 인식하지 못하거나 왜곡한 결과는 또 어떤가?

"神動氣入妙 是亦吾心之茶" '靜坐處茶半香初 妙用時水流花開' "採盡其妙 造盡其精 水得其眞 泡得其中"을 기론에 대한 이해 없이 막연히 직역하여 외우거나 가르친 결과는 한국 차와 차문화에 어떤 결과를 초래하고 있는가? 그 결과를 다시 요약하여 열거하자면 아래와 같다.

* 차의 본질 외면 :

  차의 기호식품화. 청태전 뇌원차와 같은 폐기된 옛차 및 청자
  다기 복원

* 한국 차학 · 차문화의 정체성 상실 :
  – 순수학문으로서 차학의 본령 실종, 서양과학화 · 국제화 및
    차의 상품화 · 산업화에 치중
  – 보이차맹종 차사대주의화. 커피식민지화. 차농 · 차산업의 사
    양화
  – 대중으로부터 차를 멀어지게 하는 의식(儀式) 다례(茶禮)의
    횡행
  – 콘텐츠 빈약에 따른 물량과 외형 위주 차이벤트 유행 등.

  부연하자면, 한국 차의 정체성 상실 및 차학(차문화)의 왜곡
은 차의 기호음료화 경향과 떼어서 생각할 수 없다. 명말 · 청초
(16세기)에 중국에서 우연한 계기로 '카테킨 산화차'(속칭 '반발효
차')로서 우롱차가 등장했다. 녹차보다 향이 다르고 말초 감각 자
극성이 강한 이 차는 영국에 수출되었고, 영국인들의 더 강한 자
극성 차 기호에 따라 카테킨 산화를 진전시킨 홍차가 융성하게
되었다. 마침 동아시아 사상적 다도(수양) 개념이 없던 영국에서
는 홍차가 '애프터눈 티' 양태와 함께 기호음료로서 인기를 끌게
되었다. 이에 따라 중국에서도 카테킨 성분이 풍부한 아열대 대

엽종 찻잎을 활용한 더 강한 카테킨 산화차의 대두와 함께 차가 기호음료라는 인식이 퍼지면서 수양론적 다도를 핵심으로 했던 녹차 위주의 차문화 인식을 희석시키게 되었다고 판단된다.

한국의 청태전과 뇌원차 복원, 보이차 따라하기(산화차 제다) 등 전통 차문화 퇴행 조짐은 중국의 이런 아열대 찻잎 특성이 반영되어 차의 본질에서 벗어난 차의 기호음료화 경향을 무비판적으로 맹종하는 것이라고 할 수 있다.

5. 기론에 입각한 한국 수양 다도

위에서 한국 고전 다서들의 이론적 기반이 기론이라는 사실, 이 다서들의 내용을 기론에 입각하여 바르게 해석하는 데서 한국 차와 차학 및 차문화의 정체성을 찾을 수 있음을 확인하였다. 이런 맥락에서 한국적 다도의 '경지'를 규명한 한국 고전 다서의 대표격이라고 할 수 있는 한재 이목의 『다부』 및 '과정의 다도'를 묘사했다고 할 수 있는 『동다송』의 '다도' 규정으로부터 이른 바 '한국 수양 다도'를 도출해 낼 수 있다. 『다부』는 차계에서 "세계 유일의 다도 전문서"라고 평가받고 있고, 『동다송』은 정조 사위 홍현주의 '다도'에 대한 물음에 초의 선사가 답변한 글이다.

『동다송』보다 350여 년전에 나온 『다부』의 핵심 내용이자 결론은 위에서 살펴본 "神動氣入妙 是亦吾心之茶"이다. 이는 차를 마셔서 이르게 된 자연합일의 경지를 묘사한 것이다. 더 구체적으로 말하자면 아래 나오는 『동다송』의 '과정의 다도'에서 체득한 자연의 원리인 '성(誠)'을 나와 우주가 하나 된 '우주적 자아의 정신'으로 체인하는 경지라고 할 수 있다.

『동다송』에서 규정한 '다도'는 위에서 살펴본 "採盡其妙 造盡 其精 水得其眞 泡得其中"이다. 이는 찻잎을 따서 차를 만들어 우려내기까지의 과정에서 체득할 수 있는 '성(誠)'[16]이라는 심신 수양의 효과를 함의하고 있다. 즉 『다부』는 득도의 경지를, 『동 다송』은 득도에 이르는 '준비 과정'을 말해주고 있다고 볼 수 있 다. 이 둘을 융합하면 찻잎 따기에서부터 그 찻잎으로 만든 차 를 우리고 마셔서 자연합일 · 천인일치의 기론적 이상향에 이르 게 되는 이론 체계가 성립된다. '한국 수양 다도'는 개인적 다도 수양의 본연(本然)과 진수(眞髓)를 밝힌 것으로서, 차문화의 원 조인 중국의 '다예(茶藝)'와 녹차 나라인 일본의 형식 위주 '일본 다도'와는 차원이 다른 것이라고 하겠다. 최근 명상 트렌드에서 이러한 **한국 수양 다도**를 심신 수양을 위한 명상 프로그램으로 정형화해 볼 필요가 있다.

한국 수양 다도는 오로지 '다신'이 풍부한 녹차 음다(飮茶)로

---

16 성(誠)은 『중용』에 제시된 성리학의 최고 이념이다. 성리학을 통치이 념으로 삼았던 숭유억불(崇儒抑佛)·사문난적(斯文亂賊)의 조선 시 대에, 초의가 정조 사위 홍현주의 다도가 무엇인가라는 물음에 답한 『동다송』의 '다도' 규정에 담은 다도 정신은 마땅히 당시의 시대정신 인 성(誠)이었다고 할 수 있다.

써만 성취될 수 있다. 이는 서양의 자연과학적 방법으로 분석된 차의 3대 성분(카테킨, 테아닌, 카페인)의 효능으로써도 입증된다. 녹차 제다의 관건은 살청과 건조다. 살청은 카테킨 산화를 막아 카테킨 성분을 보전하는 것, 건조는 단백질 성분인 테아닌의 곰팡이에 의한 부패를 막자는 것이다. 카테킨은 항산화작용으로써 몸안의 활성산소를 제거하여 세포의 면역력 증진과 노화 방지 등 건강한 신체 베이스를 만들어 준다. 테아닌은 찻잎에만 들어있고 특히 한국 찻잎과 같은 온대 관목성 소엽종 찻잎에 많이 들어있다. 테아닌은 뇌파를 명상파로 진정시켜 준다. 카페인은 각성 효과를 발휘하여, 테아닌에 의해 온갖 잡념과 번뇌가 제거되어 지극히 침잠된 명상 상태에서도 명징(明澄)한 통찰력을 갖게 함으로써 자연의 섭리를 깨닫는 경지로 이끌어 준다.

이렇게 카테킨 · 테아닌 · 카페인 등 차의 3대 성분이자 동아시아 사상 기론적 용어인 '다신(茶神)'에 의해 달성되는 **한국 수양 다도의 경지**를 유 · 불 · 도가에서는 각각 허령불매(虛靈不昧) · 적적성성(寂寂惺惺) · 허실생백(虛室生白)이라고 한다. **한국 수양 다도**는 서양의 자연과학적 견지에서 볼 때 카테킨 · 테아닌 · 카테킨의 합동 작용을 통해 건강한 신체 베이스를 기반으로 한 최적의 명상 상태에서 자연과 하나되는 경지에 이르는 일이다.

III 결론 - 동아시아 사상과 한국 차(차문화) 부흥의 길

서문에서의 문제 제기는 전문가적 주장이나 이념, 경세관, 학설은 일정한 철학적 이론체계(존재론)를 기반으로 갖추고 거기에서 파생되는 제 이론들(인성론, 수양론 등)이 논리적 일관성을 갖춰야 한다는 것이었다. 이는 동아아시아 사상 문화권에서 발아한 차와 차문화는 동아사시아 사상의 존재론(기론)을 이론적 기반으로 해야 한다는 것이면서 동시에 한국의 차학(차문화)이 그런 기본적인 이론 배경을 무시하여 방향성을 잃고, 결과적으로 차, 차학, 차문화의 정체성 상실과 이에 따른 차학의 본령 실종, 차(차문화)의 쇠퇴와 차농(차 산업)의 사양화를 초래하고 있다는 전제를 하는 것이었다.

서문에 이어 본론에서 살펴본 바에 따르면 이 논문의 결론은 명백하다. 즉 한국 차학(차문화)은 일단 동아시아 사상 존재론인 기론(氣論)을 철학적 기반으로 해야 한다. 이 기반 위에서 차문화의 핵심이라고 할 수 있는 한국 차(녹차)의 정체성 및 제다와 다도의 원리가 도출된다. 즉 한국 녹차는 우주 자연의 청신한 기운인 다신(茶神)을 잘 보전한 차이다. 초의의 『동다송』은 '다도' 규정에서 이런 녹차를 제다하고 마셔야 하는 이유와 원리를 설명하고. 한재 이목의 『다부』는 그런 녹차를 마셔서 이르게 되는 자연합일이라는 득도의 경지를 말해주고 있다. 『동다송』의 '과정의 다도' 및 『다부』의 '경지의 다도'를 융합한 '한국 수양 다도'는 중국 다예나 '일본 다도'에서 볼 수 없는 녹차의 진정한 가치, 즉 녹차 음다를 통한 다도 본연의 수양 체계를 여실히 보여주고 있다.

이에 덧붙여 지금까지 살펴본 내용을 결론적으로 아래의 몇 가지 사항으로 요약하여 간추릴 수 있다.

① 차차(학)계의 동아시아 사상에 입각한 차 문헌의 바른 해석, 한국 차학 본령 확립
② 차(학)계의 동아시아 사상에 입각한 제다 발전사의 바른 이해 및 차의 본질 파악
  ⇒ 향, 색, 맛이 뛰어난 한국 특유의 녹차 제다에 집중
③ 한국 녹차의 심신 건강·수양 음료로서의 정체성 확립
④ 명상 트렌드에 맞춰 수양 다도로서의 한국 차문화(한국적 다도)의 특장점 부양
⑤ 전통 녹차 우선 교육·홍보, 한국 차(학)계의 옛 차 복원 등 시대착오적 퇴행 지양

* 이 글은 2024년 12월 5일 조선대학교 국제관에서 (사)국제차문화과학 학회 등 4개 학회가 연 추계 연합학술대회의 '섹션2'(국립목포대의 '국제차(茶)문화과학 연구의 글로컬시각')에서 초청 강연한 저자의 원고(논문)입니다.